Bernhard Waszkewitz

Intelligenz contra Begabung

Bernhard Waszkewitz

INTELLIGENZ CONTRA BEGABUNG

ibidem-Verlag
Stuttgart

Bibliografische Information Der Deutschen Bibliothek

Die Deutsche Bibliothek verzeichnet diese Publikation in der Deutschen Nationalbibliografie; detaillierte bibliografische Daten sind im Internet über <http://dnb.ddb.de> abrufbar.

∞

Gedruckt auf alterungsbeständigem, säurefreien Papier
Printed on acid-free paper

ISBN: 3-89821-454-0

Printed in Germany

Vorwort

Insbesondere durch die interessanten und systematischen Darlegungen von Ina Rösing[1] sehe ich mich veranlaßt, erneut das Problem Intelligenz contra Begabung als syntaktische Persönlichkeitskomponenten aufzurollen.

Ausgehend von der Meinung, daß die Intelligenz als eine grundlegende und einheitliche Begabung und kognitive Eigenschaft ist, was nach Rösing keineswegs der Fall ist, wurde und wird meistens angenommen, daß sie in der Bevölkerung normalverteilt ist, was sich so wunderbar in den klassischen Harmoniegedanken einfügt. Schon lange Zeit hat man jedoch einerseits den Gedanken der Einheitsintelligenz aufgegeben, ganz abgesehen davon, daß der Inhalt relativiert wurde, blieb aber immer noch der Normalverteilung treu. Das wäre jedoch nur gerechtfertigt gewesen, wenn die verschiedenen Teile und Eigenschaften der Intelligenz qualitativ gleich wären, man also ihre Teilwerte ohne Gefahr für die Normalverteilung addieren könnte. Daß dem nicht so ist, zeigt die Praxis immer wieder. Was aber folgt daraus für die Begabungsforschung und die Begabungsanalyse (oder sollte man zur besseren Begriffstrennung lieber von syntaktischen Persönlichkeitsfunktionen sprechen?)? Das dürfte im Zeitalter der Globalisierung sowie der PISA-Studien und dem Bestreben nach individueller Begabungsförderung sicher besonders wesentlich sein.

Das heißt, daß wir uns zunächst mit der Frage beschäftigen müssen, was syntaktische Persönlichkeitsfunktionen sind und was die Intelligenz sein soll. Und dabei werden wir auf viele Widersprüche stoßen, die uns den Blick für die bestehenden Tatsachen verstellen können. Erst wenn diese Zerrbilder überwunden sind, wird sich die Aufgabe stellen, Verfahren herauszufinden, syntaktische Persönlichkeitsfunktionen zu analysieren und zu bestimmen. Selbstverständlich nutzt die Analyse allein nicht viel. Sie muß vielmehr Grundlagen für die Gestaltung von Bildung, Ausbildung, Entwicklung und

[1] Ina Rösing: Intelligenz und Dummheit, Heidelberg 2004

Förderung liefern, die in einer globalisierten pluralistischen Welt entscheidend für die Bestand einer Gesellschaft sind.

Neufahrn 2005

Der Verfasser

Inhaltsverzeichnis

Zur Einführung

Inzwischen ist die Intelligenzforschung über 100 Jahre alt. Und je umfangreicher ihre Ergebnisse werden, besonders auch solche aus außerwestlichen Kulturkreisen hinzukommen, desto fragwürdiger werden die Darlegungen der Forscher. Schließlich entsteht der Eindruck, daß Intelligenz überall etwas anderes bedeutet und überall eine andere Bedeutung für die Menschen hat. Es wäre daher an der Zeit, sich zu überlegen, ob man sich nicht von diesem schillernden Gegenstand - wenigstens in der Wissenschaft - verabschieden sollte, wie hier und dort von Wissenschaftlern der Fachrichtung gefordert wurde.

Besonders suspekt aber wird unter diesen Umständen die Verbindung der Intelligenz und der Intellligenzquotienten mit der Erforschung und Analyse der Hochbegabungen und Hochbegabten[2]. Denn gerade der interkulturelle Vergleich[3] zeigt, daß unter Intelligenz in den verschiedenen Kulturen etwas sehr Verschiedenes verstanden wird, wogegen sich Begabungen ihrem Begriff nach bei Menschen nur quantitativ unterscheiden können, solange man davon ausgeht, daß es sich nicht um unterschiedliche Spezies von Lebewesen handelt.

Das heißt, daß kaum damit zu rechnen ist, daß die Intelligenzforschung uns eine große Hilfe bei der Suche nach den syntaktischen Komponenten der Persönlichkeit (Persönlichkeitsfunktionen oder Begabungen) sein wird. Mehr als Anregungen in der einen oder anderen Hinsicht werden wir hier nicht erfahren. Mit anderen Worten bedeutet dieses, daß für die Begabungsforschung die systemtheoretische Beschreibung der Persönlichkeit wesentlicher Ausgangspunkt bleibt, die Intelligenzforschung vor allem aber

---

[2] wie bei den entsprechenden Instituten in Baden-Württemberg

[3] vgl. I. Rösing: a. a. O.

Hinweise auf Erscheinungsformen dieser Begabungen in den jeweiligen Kulturen liefern wird.

Und so wollen wir dann auch eine systemtheoretische Persönlichkeitsbeschreibung in schematischer Form voranstellen[4]. Dabei sei nicht versäumt, darauf hinzuweisen, daß die Codebuchstaben die entscheidenden Faktorenbezeichnungen sind, die sprachlichen Angaben nur Richtungs- und Orientierungshilfen darstellen.

Elemente	Aspekt	Komponenten
Pp Primitivperson α- natürliche Emotionalität β- impulsive Triebhaftigkeit γ-motorische Störungen δ-Affektarmut	Sigmatik (Cy)	**nul- lebenspraktisches Wissen** α-lebensnahe Inhalte β-lebensnaher Hintergrund γ- vitale Wahnvorstellungen δ- verdrängte Vitalinhalte
	Semantik (My)	**l- vitale Bedürfnisse** α- angemessene β- infantile-übersteigerte γ- suchthafte δ- Welt ohne Aufforderung
	Syntaktik (Ty)	**vl- lineare Vorstellfähigkeit**
	Pragmatik (Dy)	**z-Zyklothymie** α- unmittelbar β- überschwenglich γ- hyperkinetisch δ- impulslos
Rp Rationalperson α- Vernünftigkeit β- Vernünftelei γ- Desorientierung δ- Verwahrlosung	Sigmatik	**gei- geistiges Wissen** α- gedankliche Inhalte β- gedankliche Hintergründe γ- utopische Wahninhalte δ- geistige Verdrängungen

[4]vgl. B. Waszkewitz: Kybernetische Konstruktkonzeption, ibidem-verlag Stuttgart 2003

	Semantik	**g- geistige Bedürfnisse** α- erkenntnistheoretische β- spekulative γ- paranoide δ- geistfremde, -feindliche
	Syntaktik	**dk- Denkkanaltrennung**
	Pragmatik	**s- Schizothymie** α- diszipliniert, überlegt β- schematisch, eingeengt γ- verwirrt, weltfremd δ- steuerlos, abhängig
Up Umweltperson α- Weltzuwendung β- Darstellung γ- Hysterie δ- Umweltängste	Sigmatik	**pub- weltliches Wissen** α- gesellschaftliche Inhalte β- weltliche Hintergründe γ- weltliche Wahnideen δ- weltliche Verdrängungen
	Semantik	**w- weltliche Bedürfnisse** α- Öffentlichkeit β- Prestige γ- Beachtungssucht δ- Öffentlichkeitsangst
	Syntaktik	**ff- Fingergeschick**
	Pragmatik	**e- Extraversion** α- kontaktaktiv β- ansprüchig γ- narzißtisch δ- kontaktgehemmt
Üp Überichperson α- Innenorientierung β- Egozentrizität γ- ideologische Zwänge δ– Opportunismus	Sigmatik	**wel – Ideologiewissen** α- weltanschauliche Inhalte β- weltanschauliche Hintergründe γ- ideologische Wahnideen δ- ideologische Verdrängungen

	Semantik	**t- taxonomische Bedürfnisse** α- weltanschauliche Bindung β- weltanschauliche Fixierung γ- Ideologiewahn δ- neutralistische Gehemmtheit
	Syntaktik	**we- Willensenergie**
	Pragmatik	**j- Intraversion** α- reserviert β- isoliert γ- Flucht-,Totstellreflexe δ- zudringlich
Kp Kulturperson α- Idealismus β- Schwärmerei γ- phobische Zwänge δ- Indolenz	Sigmatik	**kus- Sozialwissen** α- kulturelle Inhalte β- kulturelle Hintergründe γ- verschrobene kulturelle Inhalte δ- kulturelle Verdrängungen
	Semantik	**u- universale Bedürfnisse** α- Kulturbedürfnisse β- zweckferne Bedürfnisse γ- A-Funktionalismus δ- Kulturängste
	Syntaktik	**vp- planare Formvorstellung**
	Pragmatik	**v- Versatilität** α- agil, sprühend β- unruhig, unstet γ- ekstatisch δ– gehemmt, träge
Bp Beziehungsperson α- Humanität β- Sentimentalität γ- paranoide Projektion δ- Humanitätsängste	Sigmatik	**ige- Humanwissen** α- menschliche Inhalte β- menschliche Hintergründe γ- Sendungswahnformen δ- humane Verdrängungen, Tabus

	Semantik	**x- Individuationsbedürfnisse** α- Selbstverwirklichungsbedürfnis β- Absonderungsbedürfnisse γ- Ichwahn δ- Ichzweifel
	Syntaktik	**dp- Denkplastizität**
	Pragmatik	h- Conjunktivität α- gefühlstief β- romantisch γ- ichhafte Gefühle δ- bindungsgehemmt
Gp Gestaltungsperson α-Gestaltungsaktivität β- Machertum γ- Bewältigungswahn δ-Gestaltungsgehemmtheiten	Sigmatik	**maf- Machtwissen** α-Führungs-, Gestaltungsinhalte β- Gestaltungshintergründe γ- Bewältigungswahnideen δ- Machtverdrängungen
	Semantik	**b- Bewältigungsbedürfnis** α-Führungs-, Gestaltungsstreben β- Unterdrückungsstreben γ- Zerstörungssucht δ- Gestaltungsängste
	Syntaktik	**fh- Handgeschick**
	Pragmatik	a- Aktivität α- angreifend, durchsetzend β- aggressiv-heftig γ- rücksichtslos-streitsüchtig δ- aggressionsgehemmt
Sp Sozialperson α- Hingabe β- Nachgiebigkeit γ- Funktionalschwäche δ- Sozialängste	Sigmatik	**men- Anpassungswissen** α- soziale Inhalte β- soziale Hintergründe γ- Sozialutopien δ- Soziale Verdrängungen

	Semantik	**c- caritative Bedürfnisse** α- Beteiligungsdrang β- Fürsorgedrang γ- Betreuungssucht δ- Sozialängste
	Syntaktik	**wm- Willensmobilität**
	Pragmatik	**p- Pathik** α- empfänglich β- beeinflußbar γ- haltlos δ- hingabegehemmt
Ep Einstellungsperson α- Sicherheit β- Unbedenklichkeit γ- Größenwahn δ- Minderwertigkeitsgefühle	Sigmatik	**wek- Werkwissen** α- Qualitätsinhalte β- Qualitätshintergründe γ- Qualitätswahnvorstellungen δ- Qualitätenverdrängungen
	Semantik	**q- Qualitätsbedürfnisse** α- Qualitäts-, ästhetisches Streben β- Effektstreben γ- verschrobenes Effektstreben δ- Nivellierungsstreben
	Syntaktik	**vk-kubische Vorstellung**
	Pragmatik	**m- Sanguinik** α- optimistisch β- leichtfertig γ- manisch δ- verängstigt
Op Ordnungsperson α- Abwägen β- Pedanterie γ- Wahrnehmungsstörungen δ- Chaotismus	Sigmatik	**fos- Formalwissen** α- Ordnungsinhalte β- Ordnungshintergründe γ- verschrobene Odrnungsformen δ- verdrängte Ordnungsformen

	Semantik	**o- Ordnungsbedürfnisse** α- Systematisierungsdrang β- Schematisierungsdrang γ- Ordnungszwänge δ- Ordnungsängste
	Syntaktik	**de-Denkelastizität**
	Pragmatik	**d-Melancholie**, α- ernst, tiefsinnig β- verdrossen, mißmutig γ- depressiv-leer δ- getrieben-flüchtig
Fp Fortschrittsperson α- Expansivität β- Veränderungsdrang γ- Veränderungssucht δ- Fremdheitsängste	Sigmatik	**fot- Zukunftswissen** α- Zukunftsinhalte β- Zukunftshintergründe γ- utopistische Wahninhalte δ- Zukunftsverdrängungen
	Semantik	**f- Bedürfnisse der Ferne** α- Bedürfnis nach Unbekanntem β- Abwechslungssuche γ- Abenteuersucht δ- Veränderungsängste
	Syntaktik	**fk- Bewegungskoordination**
	Pragmatik	**k- Kaptation** α- schwungvoll β- hektisch-cholerisch γ- eruptiv δ- kaptativ gehemmt
Tp Traditionsperson α- Bewahrung β- Verfestigung γ- Retardation δ- Wurzellosigkeit	Sigmatik	**bog- Sicherheitswissen** α- ökonomisch-traditionelle Inhalte β- Sicherheitshintergründe γ- lokale Wahnvorstellungen δ- Sicherheitsinhaltsverdrängungen

	Semantik	**n-Bedürfnisse der Nähe** α- Vertrautheitssuche β- Absolutheitssuche γ- Stabilitätssucht δ- Ängste vor dem Üblichen
	Syntaktik	**wk- Willenskonstanz**
	Pragmatik	**r- Retention** α- unbeirrbar β- stur-phlegmatisch γ- negativistisch δ- retentiv gehemmt

Was das bedeutet wird nun zu überlegen sein.

Begabungen und Funktionen

Psychische Funktionen

Insbesondere die Allgemeine Psychologie hat sich seit den Anfängen psychologischer Forschung intensiv mit den psychischen Funktionen beschäftigt, und hier speziell auch die Psychophysik. Eine große Rolle spielten dabei die Sinnesfunktionen, aber auch die Reaktionsfunktionen sind nicht zu übersehen. Man kann dabei auch von Begabungen im weiteren Sinne sprechen und ist sich dabei auch stets darüber klar, daß es auf diesem Gebiete große Unterschiede zwischen den Individuen, wie auch den Kulturen gibt, je nachdem welche Schwerpunkte die Kulturen und ihre Lebensräume setzen. Letztlich findet auch von hier aus eine Auslese im Sinne Darwins statt.

Über die rein physiologischen Erscheinungsformen dieser Funktionen hinaus muß man sich dabei vor Augen halten, daß die Sinneseindrücke, die u.U. zu Wahrnehmungen werden, apperzipiert werden müssen, um nutzbar zu werden. Die Auswertung und Entschlüsselung der empfangenen Signale im Zuge der Verarbeitung von erhaltenen Informationen in einer ersten Stufe gehört ebenfalls zu diesen Funktionen. Und erst dort, wo es um eine weitergehende Verarbeitung und Interpretation der Informationsgehalte geht, überschreiten wir den Bereich der allgemeinen Psychologie und der Sinnesfunktionen selbst, denn ab hier entscheidet die individuelle Persönlichkeit weitgehend über die Ergebnisse. Und ab hier greifen dann die syntaktischen Persönlichkeitskomponenten oder Begabungen in die Prozesse ein.

Damit wird deutlich, daß unser Interesse nicht psychischen Funktionen generell gilt, wenn auch sie zu den Fähigkeiten des Menschen gehören und seine Orientierung in seiner Umwelt mitbestimmen. Uns geht es um die syntaktischen Aspekte der Persönlichkeit[5] bzw. der Individualinstanz, die man als Persönlichkeitsfunktionen oder Begabungen bezeichnen sollte.

Forschungsergebnisse

Mit den syntaktische Persönlichkeitsfunktionen hat man sich von den unterschiedlichsten Ausgangspositionen her beschäftigt, wobei meistens mehr anwendungsbestimmte Fragestellungen im Vordergrund standen. Soweit es die assimilierenden Größen, wie Vorstellung oder manuelle syntaktische Persönlichkeitsfunktionen, angeht, wurden sie fast ausschließlich von der praktischen und angewandten Psychologie betrachtet, was verständlich ist, da sie der Aneignung der Welt und damit dem Wirtschaften und Produzieren dienen. Sie waren also für die Abschätzung der Eignung von Menschen für bestimmte Lebensaufgaben äußerst wichtig. Sie fanden daher Eingang in eine Fülle praktischer Arbeitsproben und Tests. Betrachtet man sich die Fülle der Tests, so muß man allerdings auch feststellen, daß mit ihrer Hilfe oft nur Kombinationen dieser Größen untersucht wurden, was ihre Isolierung sicher erschwert hat.

Soweit es die Vorstellfunktionen betrifft, liefert uns der Alltag deutliche Hinweise. Er verweist uns auf das Augenmaß, auf den Formensinn und das räumliche Vorstellvermögen. Für letzteres wurden im Laufe der Jahrzehnte viele Tests entwickelt. Aufgaben zur Prüfung dieser Komponente finden sich heute in fast allen Intelligenztests (Würfelaufgaben, Abwicklungsaufgaben, Entfaltungsaufgaben usw.). Auch der Formensinn als Formvorstellvermögen wurde in Intelligenztests aufgenommen. Lediglich das Augenmaß fand wenig Beachtung, was verständlich ist, denn die Auswertung zu seiner Prüfung geeigneter Streckenteilungsaufgaben usw. läßt

---

[5] Die Persönlichkeit ist für uns nicht wahrnehmbar, nur aus ihrem Verhalten erschließbar, wobei die Beschaffenheit unseres Denksystems eine entscheidende Rolle spielt, so daß das Erschlossene als Individualinstanz von der Persönlichkeit abzugrenzen ist. vgl. auch B. Waszkewitz: Kybernetische Konstruktkonzeptionen, ibidem-verlag Stuttgart 2003

sich nicht so einfach schematisieren, was sich auch aus der Definition von Martinu[6] ergibt.

Ebenso wurden die manuellen-physischen Bewegungs- und Gestaltungsfunktionen mehr von den Praktikern als den Theoretikern beachtet. Daß sie das Fähigkeitspotential des Menschen aber mitbestimmen, ist auch in der Theorie der syntaktischen Persönlichkeitsfunktionen inzwischen Allgemeingut. Um zu entsprechenden Entscheidungen zu gelangen, bedarf es in der Praxis einer Vielfalt von Arbeitsproben. Dabei fallen insbesondere solche für die Fingerspitzensensibilität und das Feingeschick neben mehr für manuell-handwerkliche Betätigung einerseits und für die allgemeine Bewegungskoordination bestimmte andererseits auf.

In viel stärkerem Maße hat sich die Forschung mit dem Denken und dem "Steuern" - im engeren, bewußteren Sinne, nicht semantisch gemeint - gewidmet. Dabei sind die verschiedensten Termini verwendet worden:

1. **dk** Unterscheidung (Wesentliches von Unwesentlichem) Urteilsschärfe, Analysieren, Trennen, geistige Kanaltrennung, analytische Intelligenz
2. **dp** Adaption, Einfälle, Phantasie, Nutzung vorhandener Informationen, Anpassung, Denkplastizität, kreative Intelligenz
3. **de** Kombination, Verknüpfung, geistige Beweglichkeit und Gewandtheit, geistige Elastizität, Umstrukturierungsgeschick, praktische (kombinierende) Intelligenz.

Auch hinsichtlich der Steuerungsseite, des Willens[7] wurden die wesentlichen Erkenntnisse in der Theorie gewonnen, wobei auch hier die unterschiedlichsten Termini Verwendung fanden, z.B.:

1. **we** Willensenergie, Bestimmtheit, Entschiedenheit, Nachdruck, Entscheidungsenergie, Willensstärke, Alternativenwahl, Umsteuerungskraft,

---

[6] Arnold/Eysenck/ Meili(Her.): a. a. O. Stichwort Augenmaß

[7] Der Terminus Willen ist in diesem Zusammenhang nicht unbedingt zweckmäßig, da eine Verwechslung mit dem zielgerichteten Wollen zu leicht erfolgt. Es wäre besser, wie später dargelegt wird, von Bewußtheitsfunktionen zu sprechen.

2. **wm** Willensmobilität, Willensleichtigkeit, fluktuierende Aufmerksamkeit, Reagibilität, Flexibilität der Steuerung, Willenselastizität, fließende Gehalte, Horizontweite
3. **wk** Willenskonstanz, fixierende Aufmerksamkeit, Bewußtseinsenge, Konzentration, feste Gehalte, Willensfähigkeit der Gefühle

Während sich kaum Differenzen der Autoren hinsichtlich der Komponenten der Vorstellfähigkeit, der Bewegungs- und Steuerungsseite abzeichnen, stoßen wir im Bereiche der sog. Intelligenzforschung auf eine Vielzahl von Ansätzen. Lassen wir dabei jene außer Acht, die sich nur mit Einsatzrichtungen der Intelligenz beschäftigen, etwa

1. sprachliche Intelligenz
2. logisch-mathematische Intelligenz
3. musikalische Intelligenz
4. räumliche Intelligenz
5. körperlich-kinästhetische Intelligenz
6. intrapersonelle Intelligenz
7. interpersonelle Intelligenz
8. soziale Intelligenz
9. emotionale Intelligenz
10. machiavellische Intelligenz

Ohne uns nun im einzelnen näher mit diesen Einteilungen zu beschäftigen, ergeben sich bei einigen dieser Einteilungen offensichtlich Übereinstimmungen mit den syntaktischen Komponenten der Persönlichkeit, etwa Nr. 4 mit vk, Nr 5 mit fk. Im übrigen verweisen die Bezeichnungen und mehr noch ihre näheren Beschreibungen[8] eher auf Anwendungsbereiche psychischer Funktionen und Fertigkeiten, also gespeicherten Inhalten und Verfahren. Ob man derartiges als Intelligenz oder -art bezeichnen will, ist eine

---

[8]vgl. I. Rösing: a. a. O. S. 75ff

Frage der Definition und Konvention und hat mit syntaktischen Funktionen der Persönlichkeit, also Begabungen nichts zu tun.

Das heißt aber keineswegs, daß die Persönlichkeit dabei keine Rolle spielt. Im Gegenteil, gerade die Bedürfniskomponenten, teilweise auch die pragmatischen Temperamentskomponenten spielen dabei ebenso eine wichtige Rolle, wie die jeweiligen Speicherinhalte des Individuums. Das heißt dann, daß individuell bevorzugte Anwendungsbereiche der Begabungen, wie sie durch die übrigen Aspektdimensionen der Elemente der Persönlichkeit intendiert werden zu besonderen Leistungen führen können, woraus sich dann bei entsprechender Definition des Intelligenzbegriffes eigene Intelligenzfelder herauskristallisieren, ohne daß dafür besondere Begabungen nötig sind. Das heißt aber auch, daß qualitative kulturelle Unterschiede wohl bezüglich der Intelligenz, aber nicht hinsichtlich der Begabungen, also der syntaktischen Komponenten der Persönlichkeit bestehen. Und das wiederum ergibt sich aus der Intelligenzdefinition: „ *...Intelligenz ist die Fähigkeit, seinen eigenen Maßstäben entsprechend und innerhalb seines eigenen sozio-kulturellen Kontextes erfolgreich zu sein.*"[9], also keine Funktion, keine syntaktische Größe, also keine Begabung, eher ein Ergebnismaß relativ zur soziokulturellen Umwelt und ihren Anforderungen.

Sicher, dieses Ergebnis kann unter entsprechenden Randbedingungen von der Ausbildung und Entwicklung der oder einiger Persönlichkeitsfunktionen abhängig sein. Und dann kommt es darauf an, für eine bestmögliche Entfaltung entsprechender Anlagen und ihrer Nutzung bei allen Mitgliedern dieser Soziokultur zu sorgen, insbesondere aus Konkurrenzgründen mit anderen Kulturen auch dafür Sorge zu tragen, daß Menschen mit hohen Anlagewerten auch besonders gefördert werden. Und damit sind wir eigentlich bei dem Thema der Hochbegabung und ihrer Förderung. Nur hat diese Forderung einen Haken. Wir können dem Neugeborenen bis heute nicht ansehen, wie hoch seine Begabungsanlagen sind. Darüber hinaus nutzt uns die

Förderung der reinen Begabungen nicht sehr viel, wenn wir nicht zugleich dafür sorgen, daß die geeigneten Bedürfnisse entwickelt und die erforderlichen Inhalte und Methoden vermittelt werden. Aber beschränken wir uns zunächst auf die Begabungen, so bleiben allerdings nur wenige übrig. Dazu ist einmal das Modell von Wenzl zu rechnen[10] , zum anderen das von Guilford[11], das ebenfalls eine Höhen-, eine Breiten- und eine Tiefendimension aufweist. Während der Gedanke von Wenzl der Tiefendimension die Erfassung des Wesentlichen, des Sinngehalts aus der Anschauung zumißt, rechnet er der Höhendimension das abstrakte und logische Denken, die Verknüpfung und der Breitendimension die Mannigfaltigkeit der in Erwägung gezogenen Gegebenheiten zu. Bei Guilford ergibt sich folgende Zuordnung[12] :

1. Tiefendimension Denkoperationen
2. Höhendimension Denkprodukte
3. Breitendimension Denkinhalte

Es wird erkennbar, daß Guilford Denkkategorien eigentlich nur in der Tiefendimension sieht, nur hier Denkwerkzeuge behandelt, während seine Höhen- und Breitendimension nicht syntaktischer Art sind, also auch nicht Gegenstand unserer Betrachtungen sein können. An Operationen nennt Guilford[13]

1. - Bewertung
2. - konvergentes Denken
3. - divergentes Denken
4. - Gedächtnis
5. - Kognition.

Vom Standpunkte der syntaktischen Betrachtungsweise sind Gedächtnis und Kognition uninteressant, da Gedächtnis, wenigstens solange man an die In-

---

[10] Hofstätter: Psychologie a. a. O. S. 187

[11] M. Popp: Einführung in die Grundbegriffe der Allgemeinen Psychologie, München-Basel 1975, S.97ff

[12] M. Popp: a. a. O. S.97ff

[13] M. Popp: a. a. O. S.97ff

halte als Denkmaterial denkt, dem sigmatischen Aspekt zuzuordnen ist und Kognition dem Prozeßverlauf entspricht, es sich hier also nicht um Komponenten des syntaktischen Aspekts handeln kann. Bleiben Bewertung, konvergentes und divergentes Denken. Bei der Bewertung handelt es sich um Urteilen, Bewertung nach Richtigkeit, Güte, Erwünschtheit und damit die Unterscheidung zwischen Wesentlichem und Unwesentlichem, um die Kanaltrennung. Das konvergente Denken ist als verknüpfendes Denken, als synthetisches Denken, zum Oberbegriff führendes Denken der Höhendimension von Wenzl gleichzusetzen. Dem divergierenden Denken, das mehr assoziativ und einfallsgebunden ist, entspricht dann die Breitendimension von Wenzl, unserer Komponente dp, wenn man auch hier Popp folgen darf[14].

Einen gleichartigen Ansatz für das Denken bringt Sternberg in seiner Unterscheidung zwischen analytischer, kreativer und praktischer Intelligenz, wenn auch die Termini für den deutschen Sprachgebrauch nicht unbedingt zweckmäßig gewählt sind.[15]

Auf den Ansatz von Thurstone als führendem Vertreter der intelligenzanalytischen Forschung möge noch hingewiesen werden, weil er vielen Intelligenztests zugrundeliegt. Er unterscheidet 7 Primärfaktoren[16]:

- Sprachverständnis
- Wortflüssigkeit
- Rechengewandtheit
- Raumvorstellung
- Auffassungsgeschwindigkeit
- assoziatives Gedächtnis
- schlußfolgerndes Denken.

[14] M. Popp: a. a. O. S.97ff

[15] Robert J. Sternberg: Erfolgsintelligenz in Psychologie heute, Ausgabe März 1998 S. 21ff

[16] P. R. Hofstätter: Psychologie a. a. O. Stichwort: *Intelligenz*

Diese vor allem von Fragestellungen der für praktische Aufgaben entwickelten Intelligenztests als Mittel der Leistungsfertigkeit und behavioristischen Konzeptionen bestimmte Auffächerung erweist sich als eine mehr gegenstandsbestimmte, weniger syntaktische und persönlichkeitspsychologische Betrachtungsweise, wobei auch Größen aus anderen Grundfunktionen (Raumvorstellung) einfließen und sigmatische Faktoren zur Intelligenz gerechnet werden (Gedächtnis, Rechenfertigkeit usw.). Man sollte dann lieber von mentaler Leistung oder Leistungsfertigkeit statt von Begabung sprechen bzw. Intelligenz von vornherein als mentale Leistungsfertigkeit definieren. Damit wäre dann auch erklärt, warum Intelligenz soziokulturell so große Unterschiede aufweist.

Soweit es nicht um die Inhalte des Gedächtnisses, sondern um die syntaktische Persönlichkeitsfunktion des Behaltens und Erinnerns geht, gehört auch dieses, wie Meumann gesehen hat, als Gegenstand in die Begabungsforschung, wenn auch mehr in die allgemeine als in die persönlichkeitspsychologische. Dann aber nicht nur - wie bei den Intelligenztests üblich - als Kurzzeitspeicher, sondern in vielerlei Funktionen. Auf jeden Fall stehen uns in dieser Hinsicht bis heute keine persönlichkeitsspezifischen Erkenntnisse zur Verfügung, geschweige denn Untersuchungsergebnisse zur Verteilung der entsprechenden Fähigkeiten in der Bevölkerung.

Erkenntnistheoretische Überlegungen

So entsprechen die bisherigen Erkenntnisse auf dem Begabungssektor dann dem Schema der Denkkategorien[17]

syntaktische	*assimilierend*	*integrierend*	*assimilierend*	*Integrierend*
Funktionen	***Vorstellfähigkeit***	***Denkfähigkeit***	***Fertigungsfähigkeit***	***Willensfähigkeit***
Linear	**vl:** Augenmaß	**dk:**Unterscheidung	**ff:** Fingergeschick	**we:** Entscheidung
planar	**vp:** Formensinn	**dp:** Adaption	**fh:** Handgeschick	**wm:** Fluktuation
Kubisch	**vk:**Raumvorstellung	**de:** Kombination	**fk:** Koordination	**wk:** Konzentration

[17] vgl. Waszkewitz: Mensch und Gesellschaft, Stuttgart 2000

Rein formal ließe sich dieses wie folgt beschreiben:

Vorstellfähigkeit	**Denkfähigkeit**	**Fertigungsfähigkeit**	**Willensfähigkeit**
vl: A	dk: A v B	ff: $\in$ A	we: A $\neg$ B
vp: A^2	dp: A $\wedge$ B	fh: A $\cap$ B	wm: Λ_x
vk: A^3	de: f (x) --> A	fK: A $\cup$ B	wk: V_x

Noch schwieriger ist die sprachliche Umsetzung des Erkenntnismusters in syntaktischer Hinsicht. Hierzu sind zusätzliche Vorüberlegungen erforderlich, denn es handelt sich ja dabei um Verknüpfungsdimensionen und Verbindungsgrößen, die immer besonders schwer zu isolieren sind. Auch kann man bei ihnen nicht direkt von autonomen, sozialen oder dinglichen Bezügen ausgehen. Man muß dazu zunächst die Syntaktik autonomer, sozialer bzw. dinglicher Gegebenheiten ermitteln. Person ist etwas „Einfaches", Unmittelbares, ist mehr oder minder gegeben, also mehr linearer Natur. Demgegenüber sind soziale Beziehungen, die sich im allgemeinen auf mehr als eine Person erstrecken, verzweigter Natur. Man kann sie als zweidimensional oder planar bezeichnen, was auch in der Technik des Soziogramms deutlich zum Ausdruck kommt. Dinge dagegen stehen im Raume, sind für uns generell dreidimensional oder kubisch. Diese Überlegungen werden noch deutlicher, wenn man von der ursprünglichen Gestalt des Erkenntnismusters ausgeht. Die Einheit ist eindimensional, die aus mehreren gleichen Einheiten zusammengesetzte Vielheit muß folglich zweidimensional sein. Geht man dann zu unterschiedlichen Einheiten über, benötigt man mindestens eine weitere Dimension, so daß davon auszugehen ist, daß die Allheit mindestens dreidimensional ist. Darüber hinaus müssen wir die Frage beantworten, welche Bedeutung assimilierende bzw. integrierende Vorgänge syntaktisch haben können. Soweit es die Außenwelt angeht, wird sie assimilierend, also aktiv durch physische Handlungen erobert. Passiv, integrierend wirkt der Mensch in dieser Welt durch bewußte willensmäßige

Lenkung und Orientierung. Innersubjektiv assimiliert der Mensch das Geschehen in Form von Vorstellungen, also gespeicherten Wahrnehmungen. Damit das Vorgestellte integriert wird, bedarf es der intellektuellen Verarbeitung, also des Denkens.

Ausgehend von diesen Vorüberlegungen können wir erkennen, daß bei den Vorstellungen lineare, Distanzen erfassende (*vl*), flächenhafte Formgebungen erzeugende oder planare (*vp*) und räumliche Beziehungen herstellende oder kubische (*vk*) Vorstellfunktionen anzusetzen sind. Eindimensionales Denken bezeichnet ein lineares, scharfes, trennendes Denken, also eine intellektuelle Unterscheidung oder auch Kanaltrennung (*dk*). Zweidimensional wird das Denken, sobald es Formungen oder Verformungen unterliegt, also adaptive, plastische Prozesse stattfinden (*dp*). Erst die Verknüpfung des Getrennten und u.U. auf verschiedenen Ebenen liegenden Adaptierten führt zu drei- bzw. mehrdimensionalen Ergebnissen (*de*).

Linear bleiben die Handlungsfunktionen, wenn sie sich auf eindimensionale Bewegungen, etwa der Finger, im sog. Feingeschick (*ff*) beschränken, während Hand- und Armgeschick, um nur ein Beispiel zu nennen, wenigstens zweidimensionalen Charakter haben (*fh*). Die Koordination aller Körperbewegungen (*fk*) erscheint dagegen dreidimensional. Willensmäßig - nicht zu verwechseln mit dem semantischen Wollensaspekt - ist die Entscheidung, die Auswahl der Alternativen linear. Nach Mierke sprechen wir dabei von Willensenergie (*we*). Die Fläche überstreichend und damit planaren Charakters ist die fluktuierende Aufmerksamkeit, die besonders im zweidimensionalen sozialen Raum wichtig ist und dem Wirken einer Willensmobilität (*wm*) entspricht, die Klages als Willenstalent bezeichnet hat. Dreidimensional wirkend und diese Räumlichkeit zusammenfassend und auf den Punkt bringend, um alles scharf vor Augen zu haben, erscheint die fixierende Aufmerksamkeit, die man als Konzentration kennt und die als Willenskonstanz (*wk*) bezeichnet werden soll. Man erkennt daraus, daß sich auch diese Ergebnisse mit den oben aufgeführten der Vertreter der Charakterologie, Persönlichkeitspsychologie und differentiellen Psychologie decken. Zudem entsprechen sie den in grundlegenden Begabungstests angesprochenen Faktoren. Zur Bewertung der einzelnen syntaktischen Komponenten hat sich generell eine 9-Stufenskala folgender Form bewährt:

1- fehlend
2- minimal ausgebildet
3- gering ausgebildet
4- mäßig, knapp durchschnittlich ausgebildet
5- durchschnittlich ausgebildet, mittlere Stärke
6- gut durchschnittliche Ausprägung
7- überdurchschnittliche Ausprägung
8- starke Ausprägung
9- maximale, sehr starke Ausprägung

Um nun die Werte für eine syntaktische Komponente zu beschreiben, genügt es, den jeweiligen Zahlenwert dem Code hinzuzufügen, etwa 3dk, 5we usw., im Gegensatz zu den Komponenten der übrigen Aspekte der Persönlichkeit.[18]

Daraus ergibt sich, daß zunächst einmal ein grundlegender Unterschied zwischen den sigmatischen, semantischen und pragmatischen Komponenten einerseits und den syntaktischen andererseits besteht, wie ihn vor allem Rohracher, aber auch Heiß und Klages herausgearbeitet haben. Es sind Werkzeug- oder Dienstleistungsfunktionen ohne Richtkraft, aber mit eigener Qualität und Dimension. Es zeigt sich ebenfalls, daß die Komponenten des syntaktischen Aspekts einer Eigengesetzlichkeit folgen müssen. Allerdings darf das nicht darüber hinwegtäuschen, daß sie alle nur Aspekte eines Systems und damit Komponenten der Systemelemente sind. Damit erhebt sich aber die Frage, welche Beziehungen zwischen den Komponenten innerhalb der Aspekte und den Aspekten untereinander bestehen.

Bei der Suche nach den Beziehungen der Komponenten untereinander fanden die verschiedensten Autoren heraus, daß bestimmte Dimensionen anscheinend enger zusammengehören als andere. Warum das so ist, läßt sich bis heute lediglich unter Bezug auf menschliche Denkkategorien entscheiden. Die Ursache kann sowohl in der Eigenart der Individualinstanz als auch in der Besonderheit der Modellkonstruktionen oder in der Natur unseres Erkenntnissystems liegen. Soweit solche Beziehungen vorliegen, handelt es sich um Polaritätsbeziehungen gemäß folgender Definition[19]

Zwei oder mehr Größen sind zueinander polar, wenn sie stets zusammen vorkommen, wenn auch in wechselnder Stärke, Verteilung und Form, dabei dem gleichen Funktionskreis zugehören, aber verschiedene Aufgaben innerhalb dieses Funktionskreises zu lösen haben.

Bei genauerer Betrachtung erkennt man, daß die Komponenten des syntaktischen Aspekts ihre Besonderheiten aufweisen, daß der jeweilige Funktionskreis innerhalb der assimilierenden bzw. integrierenden Komponenten liegt. Es muß daher vor an die folgenden Polaritätsbeziehungen gedacht werden:

vl mit vp und vk	dk mit dp und de
ff mit fh und fk	we mit wm und wk

Aufgrund dieser Überlegungen und mannigfacher Beobachtungen ist nun davon auszugehen, daß sich bei bestehender Polarität engere Verknüpfungen zwischen den beteiligten Komponenten herausbilden. Deren Ergebnisse wollen wir Grundformen nennen. Mit derartigen Verknüpfungen haben sich verschiedene Autoren beschäftigt, wobei sie allerdings meistens im Sinne der Korrelationsrechnung und Faktorenanalyse oder der Vektoralgebra davon ausgegangen sind, daß Polarität eine Orthogonalität der Faktoren voraussetzt, also davon auszugehen ist, daß die jeweiligen Komponenten senkrecht zueinander angeordnet sind[20] . Daß dieses nicht der Fall sein muß, lehren Mathematik und Physik. Auch nicht senkrecht zuein-

[19] B. Waszkewitz: Fundamente der Persönlichkeitspsychologie, München 1960, S. 69

[20] P.R. Hofstätter: Psychologie a. a. O. S. 145, so auch Wenzl. Mettjat & Wehner in Arnold/Eysenck/ Meili(Her.): a. a. O. Sp.2334 ff

ander angeordnete Größen bzw. Kräfte können unabhängig voneinander sein[21].

Maßsysteme und Entwicklungen

Eines der ersten Maßsysteme der Begabungsforschung war der IQ oder Intelligenzquotient, den W. Stern einführte. Er ergibt sich aus

100 mal Intelligenzalter/ Lebensalter

Da die Intelligenzfaktoren, auch die Denkfunktionen ihre Entwicklung mit etwa 14-18 Jahren abschließen - nicht zu verwechseln mit der Fertigkeit, das vorhandene Potential anzuwenden -, ist die Verwendung des so definierten IQ nur bis zu diesem Alter sinnvoll, denn später muß danach der IQ ständig sinken. Aus diesem Grunde verwenden die meisten Intelligenztests nicht den IQ, sondern den SW oder Standardwert. Dieser baut auf dem Mittelwert einer Normalverteilung auf, der gleich 100 gesetzt wird. Das heißt zugleich, daß sowohl der arithmetische Mittelwert als auch der Median 100 betragen. Dann hat man es bei < SW 70 mit Schwachsinnigen und bei > 135 mit Genialen zu tun. Studien an Vertretern der Genialen zeigen, daß auch Standardwerte von 180 und mehr erreicht werden. Wo aber ist die Grenze, die allem Biologischen innewohnt? Darüber hinaus tritt das Problem auf, daß derartige SW-Skalen für alle Aufgabenarten, aber auch für unterschiedliche Altersstufen erstellt werden müssen. Das heißt aber zugleich, daß wir es hier mit sehr relativen Werten zu tun haben. Und das umso mehr, sobald es um Probanden aus unterschiedlichen Kulturen handelt. Theoretisch ist ein solcher Ansatz sicher nicht haltbar, wenn er sich auch innerhalb einer Kultur praktisch bewähren mag.

Wenn wir unter den Nichtfachleuten herumhorchen, werden wir überrascht sein, welche Bedeutung die Menschen im allgemeinen der sog. Intelligenz zumessen. Für viele von ihnen ist Intelligenz das entscheidende

[21] das wird beim Einsatz der Korrelationsrechnung oft nicht bedacht

Merkmal, denn sie alleine befähigt nach Meinung vieler Menschen in unserem Lande zu „Höherem" und zum „besseren" Menschen. Und das gilt auch in anderen Kulturkreisen, allerdings bezogen auf deren Intelligenzbegriff. Natürlich ist diese Ansicht schlichtweg unsinnig, aber sie erklärt auf der anderen Seite, daß die Kennzeichnung eines Menschen als „wenig intelligent" nahezu einer Majestätsbeleidigung gleichkommt. Wer will schon „minderwertig" sein. Zugleich erklärt dieses u.a., weshalb höhere Intelligenz immer wieder auf besonders günstige soziale und familiäre Umstände zurückgeführt wird. So lassen sich dann Schuldige für eigene „Mängel" bestimmen. Auch für die Forderung nach sog. Chancengleichheit sind hier die Quellen zu suchen. Interessant ist dabei, daß derartige Ansichten vor allem in Kreisen sogenannter Linksparteien zu finden sind, für die ja alle Übel letztlich von den Reichen und Begünstigten ausgehen, was dann etwa in der UdSSR zu den Theorien eines Lyssenko führte, die inzwischen als pure Fälschung entlarvt wurden.

Diese Vorstellungen mögen einer der wesentlichen Gründe sein, weshalb in weiten Kreisen unserer Bevölkerung Intelligenztests und schließlich sogar die Psychologie abgelehnt werden. Diese Menschen berauben sich damit zwar der Möglichkeit, in schwierigen Situationen echte Hilfe zu finden, zumal sie Psychologen dann auch noch mit Irrenärzten und Irrenhäusern[22] verwechseln, was allerdings bei dem vorzugsweisen Einsatz im klinischen Bereich vielleicht verständlich ist.

Im übrigen bleiben bei der „Wertschätzung" der Intelligenz im Sinne des Aufbaus der Intelligenztests in unserem Lande andere syntaktische Persönlichkeitsfunktionen sehr häufig auf der Strecke. Sie werden wenig geachtet, wenig gefördert, ja vernachlässigt und damit Menschen in Richtungen und Laufbahnen gedrängt, die sie überfordern, während Laufbahnen auf der Basis ihrer speziellen syntaktische Persönlichkeitsfunktionen ihnen nicht nur ihr Auskommen, sondern auch ihre Lebensqualität hätten bringen können.

Aber blicken wir einmal auf die heutigen wissenschaftlichen Erkenntnisse, auch jene in Übersee.

Die Intelligenzforschung beginnt vor allem Ende des 19. Jahrhunderts im Dienste der Unterrichtsbehörden. Sie wird dann im ersten Weltkrieg speziell bei den Amerikanern zur Auslese in der Armee in großem Umfange fortgesetzt. Es geschieht das, was Hallermann[23] einmal in seiner Vorlesung am Institut für gerichtliche und soziale Medizin der Universität Kiel ausführte: *„wenn wir in Europa mit einer einzigen Maus experimentieren, arbeiten die Amerikaner mit einer ganzen Ziegenherde.“* Und so wird es verständlich, daß die meisten Theorien zur Intelligenz in den USA entwickelt wurden.

Einen scheinbar neuartigen Ansatz für das Denken bringt Sternberg in seiner Unterscheidung zwischen analytischer (dk), kreativer(dp) und praktischer(de) Intelligenz, wenn auch die Termini für den deutschen Sprachgebrauch nicht unbedingt zweckmäßig gewählt sind.[24]

Man sollte statt von Intelligenz überhaupt lieber von mentaler Leistungsfertigkeit[25] sprechen. Dann haben diese Ansätze und Modelle ihre volle Berechtigung, auch etwa der von Thorndike, der seine Teilbegabungen zu drei großen Kreisen zusammenfaßt, zur sozialen, konkreten und abstrakten Intelligenz.[26] Ein hierarchisches Modell der Intelligenz hat Vernon entwickelt[27], wo einem Allgemeinfaktor (g) mehrere Hauptgruppenfaktoren zugeordnet werden, die wiederum eine Reihe von Untergruppenfaktoren aufweisen.

---

[23] Prof. Hallermann: Direktor des Instituts für gerichtliche und soziale Medizin an der Universität Kiel in der Zeit nach Ende des 2. Weltkrieges.

[24] Robert J. Sternberg: Erfolgsintelligenz in "*Psychologie heute*" Ausgabe März 1998, S. 21ff, was seiner von Aiken in „Assessment of intellectual Functioning" Allyn und Bacon Inc. Newton, Masssechusetts 1987 S. 378 zitierten Definition entspricht: „Behavior is intelligent to the extent that it is (a) used in adaption to, selection of, or shaping of one's environment; (b) responsive to a novel kind of task or situation or in the process of becoming automatized; and (c) the result or metacomponential, performance componential, and knowledge-acquisitional functioning of the kind specified by the componential subtheory."

[25] so etwa Vernon, zitiert nach Aiken a. a. O., S. 367 durch general mental abilities

[26] zitiert nach Aiken: a. a. O., S. 369

[27] zitiert nach Aiken: a. a. O., S. 372

Komponenten der Untergruppenfaktoren sind dann spezifische Faktoren, so daß sie eine Vielzahl von Begabungsfaktoren und damit wohl alle in der Literatur genannten Inhalte umfassen. Demgegenüber arbeitet R.B. Cattell mit 2 Hauptgrößen und 3 allgemeinen Teilfaktoren[28]. Seine Hauptfaktoren sind der Intelligenzfluß (g_f) und die Intelligenzkristallisierung (g_c), die Teilfaktoren visuelle Fähigkeiten (g_v), Gedächtniswerte (g_r) und ein Geschwindigkeitsfaktor (g_s).

Das alles zeigt, daß die sog. Intelligenzforschung sich mehr von praktischen Belangen, von den Verwendungsmöglichkeiten und Anwendungsnotwendigkeiten als von nach Erkenntnis strebenden Überlegungen leiten läßt. Das deutet sich dann auch in den Definitionen an[29]. Während kognitivistisch eingestellte Forscher von einer Disposition, Tendenz oder hypothetischen „mental" Processes sprechen, betrachten die Behavioristen die Intelligenz als einen Satz von erworbenen Verhaltensweisen. Ganz allgemein ergibt sich also, *daß unter der Intelligenz ein Konventionskonstrukt zum Verständnis und zur Prognose von Verhalten in Leistungen verlangenden Anpassungssituationen verstanden wird.*

Infolgedessen müßte man den IQ, den man nach Vernon abschaffen sollte, neu definieren. Und das geschah dadurch, daß man annahm, daß die Intelligenz in der Bevölkerung normal verteilt ist. Der Wert größter Häufigkeit und damit der arithmetische Mittelwert und der Median wurden = 100 gesetzt. Der IQ reichte damit von 0 bis 100 für die eine Hälfte, von 100 bis 200 für die andere, wobei die Häufigkeit des Vorkommens nach jeder Seite bis auf 0 abfällt, wie die folgende Skizze zeigt:

100

[28] zitiert nach Aiken: a. a. O., S. 373

[29] zitiert nach Aiken a. a. O., S. 365 f

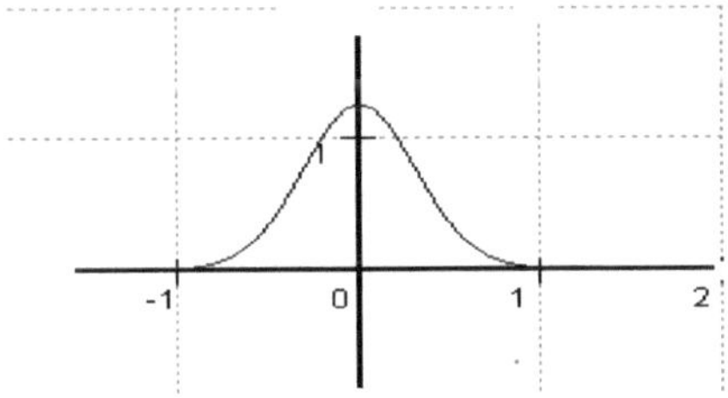

Verschiedene Intelligenztests führen allerdings zu unterschiedlichen IQ-Werten. Die Abweichungen liegen bei ± 15%, was einer Spanne von 30 Punkten gleichkommt[30]. Das hat Amthauer wohl gesehen und daher Vergleichswerte zum in Deutschland viel benutzten Hamburg-Wechsler IQ angegeben.[31]

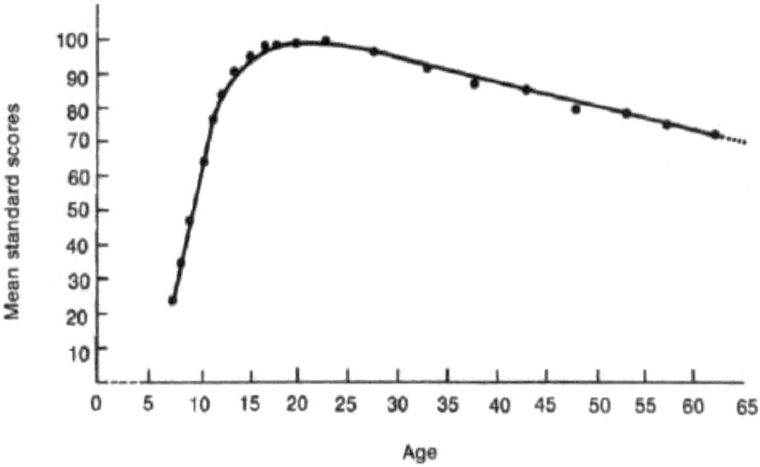

[30] Aiken: a. a. O., S. 361f

[31] R. Amthauer: Intelligenz-Struktur-Test, Handanweisung 2. Aufl. S. 43

Ganz allgemein hat sich bei den diversen Analysen herausgestellt, daß die Intelligenzentwicklung wie vorstehend skizziert verläuft[32]. Allerdings gilt das für die allgemeine mentale Befähigung, nicht für die Begabungen im Sinne der Persönlichkeitspsychologie, wenn auch deren Erkenntnisse hinsichtlich der Begabungen ähnlich aussehen. Die Graphik zeigt den Verlauf des Intelligenzpotentials während des Lebens auf, wobei man allerdings nicht sicher sein kann, daß dieser Verlauf - speziell im Alter - auch noch dem allerneuesten Stande der Forschung entspricht.

IQ-Werte werden dabei wie folgt sprachlich interpretiert:[33]

> 180	Höchstbegabung
130-180	überragende Intelligenz
120-130	überdurchschnittliche Intelligenz
110-120	gut durchschnittliche Intelligenz
90-100	normale Intelligenz
80-90	knapp durchschnittlich
70-80	unterdurchschnittlich
55-70	leichte mentale Retardation, Behinderung
40-55	mäßige, mittlere mentale Retardation, Behinderung
25-40	schwere mentale Retardation, Behinderung
0-25	gravierende mentale Retardation, Schwerstbehinderung

Im übrigen zeigte Hollingworth[34], daß bei höchstbegabten Kindern keine allgemein überragende persönliche und soziale Anpassung zu finden war. Bei einer Untersuchung an 4 unterschiedlich zusammengesetzten Kindergruppen fand man:

- kreative und begabte Kinder: recht gut angepaßtes Verhalten in der Schule
- kreative und unbegabte Kinder: erhöhte Konflikte und Unsicherheitsgefühle

[32] nach Aiken a. a. O.

[33] vgl. Zimbardo: Psychologie, 6. Aufl. S. 531, sowie Aiken a.a.O. S. 333

[34] zitiert nach Aiken: a. a. O., S 337

- nicht kreative und begabte Kinder: erfolgreich und angepaßt in der Schule
- nicht kreative und unbegabte Kinder: verwildert mit Abwehrmechanismen[35]

Man sieht, hier tritt eine neue Komponente in die Diskussion, wie auch bei der folgenden, wonach bei stabilen häuslichen Verhältnissen, angemessener Erziehung und Bildung der IQ nach der frühesten Kindheit relativ stabil bleibt, sich nur um ± 5 Pkt ändert. Im Allgemeinfaktor finden sich keine Unterschiede der Geschlechter, aber in einigen spezifischen Faktoren. Mit wachsender Familiengröße sinkt der Durchschnittswert des IQ, wobei der der Erstgeborenen meistens höher liegt als bei den Nachgeborenen, wenn die Kinder kurz aufeinander folgen. Doch kehren wir nun zur begabungswissenschaftlichen Betrachtungsweise zurück.

Aus diesem Grunde habe ich vorgeschlagen, die Komponenten der Funktionen mit einer einheitlichen Skala von 1 bis 9 zu messen. Geschieht das, so kann man die von jeweils drei Komponenten gebildeten Grundfunktionswerte errechnen. Folgt man der bei Intelligenztests üblichen Methode, so müßte man diese Werte addieren. Berücksichtigt man, daß es sich um unterschiedliche Qualitäten (Dimensionen) handelt, kann eine Addition zu einem einheitlichen Wert - wie bei Meter und Sekunde - nicht erlaubt werden. Das weist daraufhin, daß eine multiplikative Verknüpfung anzusetzen ist, wie an anderer Stelle geschehen[36] .

Dafür spricht zudem, daß ein Ausfall einer Komponente die Effektivität der zugehörigen Grundfunktion mehr beeinträchtigt, als die Addition darstellen würde. Gehen wir z.B. davon aus, daß wir die prozentuale Effektivität dadurch ermitteln, daß wir das Resultat der Verknüpfung der Werte der Komponenten durch den Maximalwert dieser Verknüpfungen dividieren, erhalten wir bei der Addition z.B.

---

[35] zitiert nach Aiken: a. a. O., S. 340

[36] B. Waszkewitz: Fundamente der theoretischen Psychologie a. a. O. S. 51f

(7+7+1)/27= 14/27 = 0,5185 oder 51,85 % also einen etwas über dem Mittel liegenden Wert. Bei einer Multiplikation folgt (7*7*1)/729= 49/729= 0,0672 oder 6,72%, was den Beobachtungen der Psychiatrie besser entspricht. Ähnlich stellen wir fest, daß Menschen, bei denen eine Komponente deutlich übermittel entwickelt ist, wesentlich größere Effekte erzielen als dieses bei Verwendung des additiven Verfahrens deutlich wird:

additiv multiplikativ

(5+5+9)/27: 66,67% (5*5*8)/729: 27,43%,

bei Mittelwerten von:

(additiv multiplikativ

(5+5+5)/27 : 55,56% (5*5*5)/729: 17,15%

also Verhältnissen von:

additiv multiplikativ

1: 1,20 1:1,60

Dieser prozentuale Effektivitätswert entwickelt allerdings nach obenhin eine Steigerung, die verdächtig erscheint. Verfolgt man die Leistungen und Effekte genauer, so erkennt man, daß e-Funktionen hier eine große Rolle spielen, denn letztlich handelt es sich ja auch um einen Übergang, wenn auch mehr um einen virtuellen. Ausgehend von der Idealnorm ergäbe sich in etwa die Form[37]:

Funktionalwert FW= 100*e$^{-(1-\text{ Effektivitätsgrad})}$

also

FWa =100* $e^{((a+b+c)/27)-1}$ bzw. FWm= 100*$e^{(a*b*c/729)-1}$

für den **Funktionalwert**(a=additiv, m=multiplikativ) der Grundfunktionen.

Bei Verwendung dieser Funktionswerte ergibt sich (für -1 im Exponenten) ein unterer Grenzwert von etwa 36,79 auf einer Idealskala von 0 bis 100. Es erscheint durchaus möglich, auch für andere Spezies vergleichbare Begabungswerte zu bestimmen, wobei es dann darum geht, daß die -1 im Ex-

[37] ähnlich den Erkenntnisse der Assoziationsprodukten (vgl. Hofstätter: Psychologie a. a. O. S. 32/33)

ponenten anwächst. Das weist gleichzeitig daraufhin, daß Menschen unterhalb dieses Wertes von ca. 36,8 nicht „existieren", während die klassische Betrachtungsweise selbst auf einer Normalskala Werte bis hinunter auf Null oder nahe Null zulassen, an die sicher kein existierendes Lebewesen herankommt, denn dann könnte es nicht mehr existieren. Das wird besonders deutlich, wenn man einmal die Häufigkeitsverteilungen für additive und multiplikative Verknüpfungen aufstellt und miteinander vergleicht. Hierzu eignen sich dann vor allem die Angaben zu den Minima, Maxima, Mittel- und Zentralwerten. Dabei muß man ferner unterscheiden, ob die Fähigkeiten V, I, F und W oder aber die ihnen zugrundeliegenden Komponenten normal verteilt sind. Während die meisten Intelligenzforscher eine Normalverteilung der Intelligenz als Ganzes voraussetzen, müßte man - falls man von Anlagebedingtheit ausgeht - eine Normalverteilung der syntaktischen Komponenten und nicht der Fähigkeitspotentiale ansetzen. Das Ergebnis sieht dann (bei Halbstufenwerten [1-9]) wie folgt aus:

FW-Werte	Max.	Min.	arithm. Mittel	Median
IQ-Normalverteilung	200	0	100	100
additiv, gleiche syntakt. Komponentenhäufigkeit	100	41,11	64,96	64,12
multiplikativ, gleiche syntakt. Komponentenhäufigkeit	100	36,84	44,31	41,28
multiplikativ, syntakt. Komponentennormalverteilung	**100**	**36,84**	**41,6**	**41,28**

Daraus ergeben sich folgende Umsetzungen in die Grundskala

Skala	**FW-Werte**	**Gleichverteilung%**	**Normalverteilg%**	**ca IQ**	Bezeichnungen
1,0 bis 1,5	36,80 bis 36,96	0,45	0,00000024613	<15	unfähig
1,6 bis 2,0	36,97 bis 37,19	2,28	0,00088103927	>15	unbegabt
2,1 bis 2,5	37,20 bis 37,58	5,54	0,00619189451	>30	minder begabt
2,6 bis 3,0	37,59 bis 38,18	8,42	0,20197007121	>40	gering begabt
3,1 bis 3,5	38,19 bis 39,02	11,68	3,62578863424	>50	mäßig begabt
3,6 bis 4,0	39,03 bis 40,16	12,54	18,89000852670	>70	unterdurchschnittlich begabt

4,1 bis 4,5	40,17 bis 41,69	12,29	37,09438240215	>90	durchschnittlich begabt
4,6 bis 5,0	41,70 bis 43,67	10,34	29,64547330764	>105	gut durchschnittlich begabt
5,1 bis 5,5	43,68 bis 46,22	9,87	7,81159852981	>110	überdurchschnittlich begabt
5,6 bis 6,0	46,23 bis 49,47	8,38	2,51464656343	>120	ziemlich begabt
6,1 bis 6,5	49,48 bis 53,62	6,61	0,18304531740	>130	gut begabt
6,6 bis 7,0	53,63 bis 58,89	4,84	0,02440750821	>140	sehr begabt
7,1 bis 7,5	58,90 bis 65,62	3,56	0,00063803463	>150	besonders begabt
7,6 bis 8,0	65,63 bis 74,25	2,04	0,00090844902	>165	überragend begabt
8,1 bis 8,5	74,26 bis 85,42	0,94	0,00000367255	>190	hochbegabt
8,6 bis 9,0	85,43 bis 100	0,2	0,00000001799	>215	genial begabt

Die folgenden Graphiken vermitteln einen optischen Eindruck dieser Erkenntnisse für normal verteilte Komponenten:

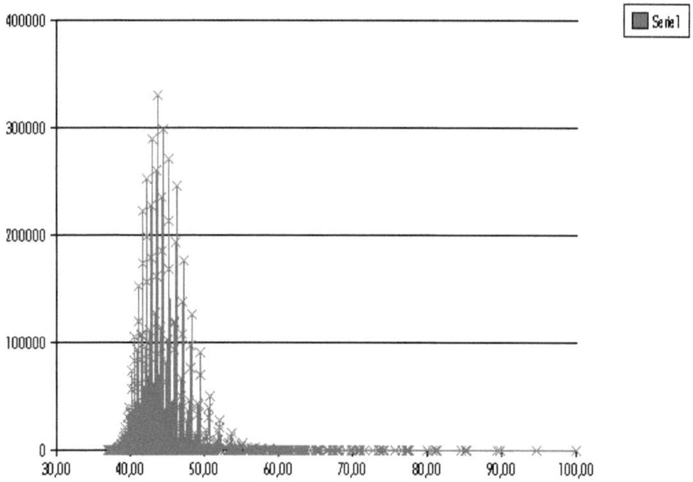

Im Gegensatz dazu die Normalverteilungskurve:

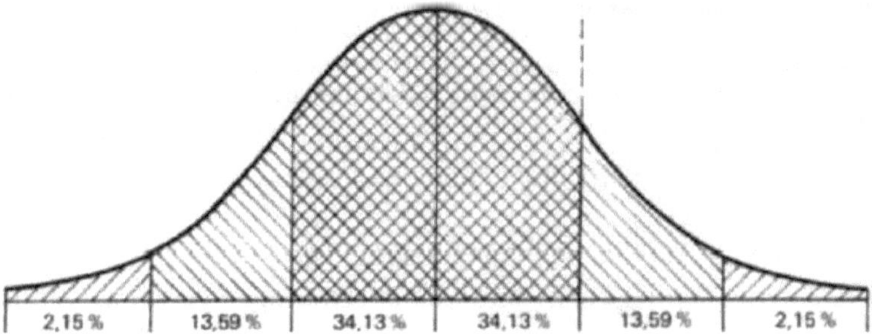

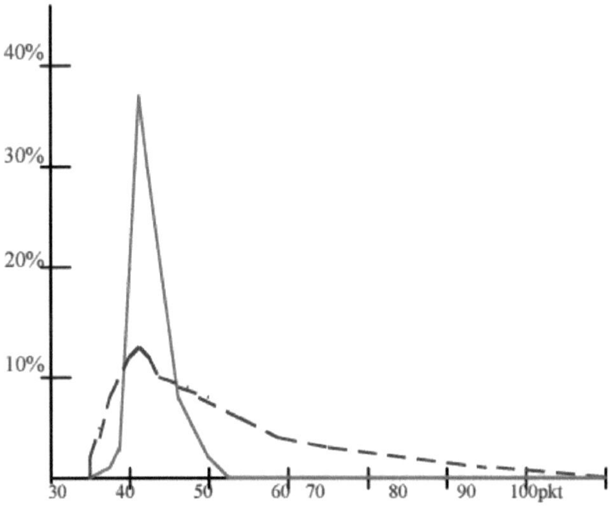

rot (durchgezogen): Normalverteilung der Komponenten mit
41,6045 pkt Mittelwert, 41,2808 pkt Median
blau (gestrichelt): Gleichverteilung der Komponenten mit
44,3092 pkt Mittelwert, 41,2808 pkt Median
(Skala 1 bis 9 mit Halbwerten bei :
FW pkt= $100 * e^{(a*b*c/729)-1}$)

Den Unterschied zwischen Gleich- und Normalverteilung der Komponenten zeigt die vorstehende Graphik, vielleicht deutlicher als die Zahlentabellen.

Noch eine weitere Beobachtungs- und Grundtatsache wird durch die Ergebnisse der statistischen Simulationsrechnungen gestützt, nämlich daß bei der anzunehmenden Normalverteilung der voneinander linear unabhängigen Komponenten einer Grundfunktion das Potential der Grundfunktion nicht mehr eine Normalverteilung darstellen wird. Das wird besonders deutlich, wenn man sich die Verteilungskurven (s.o.) aufzeichnet. Bei näherer Betrachtung der Kurve für $FW=100*e^{(a*b*c/729)-1}$ bei normalverteilten Komponentenwerten zeigt sich zudem, daß der Funktionspotentialwert für viele Fälle annähernd gleich ist. Zugleich wird bei einem Vergleich mit der Kurve der Gleichverteilung der Komponentenwerte deutlich, daß höhere Potentialwerte sehr viel seltener sind.

Das heißt, daß im Grunde nur eine Minderheit der Bevölkerung zu den jeweiligen Höchstleistungen das erforderliche Potentialniveau mitbringt, was nicht mit der erforderlichen Intelligenz gleichzusetzen ist. Das leuchtet allgemein ein, sobald es sich z.B. um manuelle und physische Fähigkeiten handelt, wird auch noch weitgehend anerkannt, soweit Vorstellfähigkeiten in Frage stehen, etwa in technischen Berufen. Sobald es aber um das meistens fälschlich als Intelligenz bezeichnete Denkpotential oder um Willens- und Bewußtheitspotentiale geht, legt sich so etwas wie ein Tabuvorhang über das Geschehen. Bleibt dann allerdings die Frage zu beantworten, warum gerade in dieser Hinsicht in der Praxis so wenige herausragen, wie es die vorstehende Graphik der Verteilung erkennen läßt.

Es ist also höchstens 1/100000 % der Bevölkerung in der Lage, höchsten Ansprüchen in einer der Begabungsfunktionen gerecht zu werden, etwa insgesamt 1/1000% sehr hohen und etwa insgesamt 1% überdurchschnittlichen. Daraus ergeben sich naturgemäß einschneidende Folgerungen für eine optimale Gestaltung von Bildungs- und Ausbildungswesen, aber auch der Berufswelt, wenn nicht ein großer Teil der Bevölkerung beschäftigungslos und durch Automaten ersetzt werden soll.

Betrachten wir nun nicht nur die einzelnen Grundfunktionen, sondern die Gesamtheit des syntaktischen Aspektes, so taucht die Frage auf, wie das Gesamtpotential Ty zu ermitteln ist, dem die sog. Intelligenzforschung angeblich nachspürt. Der Potentialwert FW_T ergibt sich, da wiederum unabhängige Größen wirksam sind und die Grundfunktionspotentiale verschiedene Dimensionen aufweisen sicher ebenfalls nicht additiv. Machen wir auch hier einen multiplikativen Ansatz, so können wir davon ausgehen, daß die höheren Werte noch unwahrscheinlicher werden als bei den einzelnen Grundfunktionspotentialen. Dennoch wird man hierbei nicht mehr auf eine e-Funktion zur Berechnung übergehen müssen. Vielmehr dürfte die Verwendung des geometrischen Mittels den Tatsachen gerecht werden, denn sind alle 4 Werte gleich, so bleibt die Gesamtbefähigung auf dem jeweiligen Level. Fällt dagegen ein Funktionswert ab, so sinkt der Level insgesamt, und zwar auch dann, wenn die Summe aller Potentiale dabei gleich bleibt. D.h., es ist auszugehen von:

$$\mathbf{Ty = (Vy*Iy*Fy*Wy)^{0,25}}$$

Zugleich bedeutet dieses, daß bei der Ermittlung der Begabungseffektivitäten die Testwerte, also die Werte der Aufgabenreihen untereinander multiplikativ zu verknüpfen sind.

Es ist nun nicht immer leicht, sich zwischen den verschiedenen Skalenwerten auf diesem Sektor zurechtzufinden. Insbesondere die SW (Standardwerte) sind von Verfahren zu Verfahren recht unterschiedlich und kaum vergleichbar. Aus diesem Grunde geben manche Testautoren eine Vergleichstabelle zwischen ihren Standardwerten und dem IQ auf der Basis einer Normalverteilung in der Bevölkerung. Dieser IQ darf aber nicht vom Standpunkte der Sternschen Definition her gesehen werden. Aus eben diesem

Grunde findet der Leser nachstehend eine Vergleichstabelle. Sie erlaubt eine Orientierung zwischen Skalenwerten auf unserer Skala von 1 bis 9, FW- und IQ-Angaben sowie der Häufigkeitsverteilung in den Halbstufen sowohl für normalverteilte (normal) als auch für gleichverteilte (gl) Komponenten. Ich hoffe, daß sie dem Leser die Orientierung erleichtert:

9er Skala	FWpkt	%normal	%gleich	IQ	9erSkala	FWpkt	%n	%gleich	IQ
1,00	36,84			0	5,10	44,13			107
1,10	36,86			3	5,20	44,61			110
1,20	36,88			7	5,30	45,12			113
1,30	36,90			10	5,40	45,66			117
1,40	36,93			13	5,50	46,22	7,8116	9,87	120
1,50	36,96	0,00000025	0,45	17	5,60	46,81			122
1,60	37,00			20	5,70	47,43			124
1,70	37,04			21	5,80	48,08			126
1,80	37,08			23	5,90	48,76			128
1,90	37,14			24	6,00	49,47	2,5146	8,38	130
2,00	37,19	0,000881	2,28	25	6,10	50,23			132
2,10	37,26			27	6,20	51,01			134
2,20	37,33			30	6,30	51,84			136
2,30	37,41			32	6,40	52,71			138
2,40	37,49			34	6,50	53,62	0,1830	6,61	140
2,50	37,58	0,0062	5,54	35	6,60	54,57			142
2,60	37,69			37	6,70	55,58			144
2,70	37,79			40	6,80	56,63			146
2,80	37,91			43	6,90	57,73			148
2,90	38,04			45	7,00	58,89	0,0244	4,84	150
3,00	38,18	0,2020	8,42	50	7,10	60,11			152
3,10	38,32			53	7,20	61,39			155
3,20	38,48			55	7,30	62,73			157

3,30	38,65			57	7,40	69,30			160
3,40	38,83			60	7,50	65,62	0,000638	3,56	165
3,50	39,02	3,6258	11,68	62	7,60	67,18			170
3,60	39,22			64	7,70	68,81			175
3,70	39,43			67	7,80	70,54			180
3,80	39,66			70	7,90	72,35			185
3,90	39,91			73	8,00	74,25	0,000908	2,04	190
4,00	40,16	18,8900	12,54	75	8,10	76,26			195
4,10	40,44			78	8,20	78,37			200
4,20	40,72			82	8,30	80,60			205
4,30	41,03			86	8,40	82,95			210
4,40	41,35			90	8,50	85,42	0,0000037	0,94	215
4,50	41,69	37,0944	12,29	92	8,60	88,03			220
4,60	42,04			94	8,70	90,78			225
4,70	42,42			96	8,80	93,69			230
4,80	42,81			98	8,90	96,76			245
4,90	43,23			100	9,00	100,00	0,000000018	0,2	250
5,00	43,67	29,6455	10,34	103					

Wir haben zwar schon eine Fülle von Erkenntnissen aus den Verknüpfungen der Komponentenwerte zu den Funktionswerten gewonnen, diese rein quantitativ beschriebenen Ergebnisse bedürfen nun aber einer qualitativen Betrachtungsweise. Dabei könnte man wiederum bei rein formalen Angaben stehen bleiben, was aber sicher Laien und Fachleute anderer Wissenschaftsrichtungen unbefriedigt lassen würde. So müssen wir die formalen Ergebnisse dann sprachlich beschreiben oder besser noch umschreiben und auf diese Weise interpretieren, da nur eine annähernde Darstellung mit Hilfe der Sprache möglich ist. Um bei alledem den Umfang nicht über Gebühr zu erweitern und auch die Möglichkeiten der Sprache nicht zu überziehen, beschränken wir uns in diesem Abschnitt auf je drei Abstufungen pro Komponente, nämlich auf die Werte 2, 5 und 8, also geringe, mittlere und starke Ausprägungen. Da dabei der Denkfähigkeit sicher das größte Interesse der Leser gilt, wollen wir mit den Denkfunktionen anfangen, wobei wir von einer Normalverteilung der Komponenten ausgehen.

dkdedp		*ly*	**Denkfähigkeiten**
222	=	**37,19**	mangelnde Denkfähigkeit bei Mangel an Unterscheidungsgabe, Einfällen und Kombinationsfähigkeit, Eintönigkeit und Stumpfheit
225	=	**37,81**	wenig Denkfähigkeit bei Mangel an Unterscheidungsgabe und Einfällen sowie einiger geistiger Beweglichkeit, oberflächliche Kombination
228	=	**38,44**	wenig Denkfähigkeit bei Mangel an Unterscheidungsgabe und Einfällen sowie vielseitiger Verknüpfung, flache Scheingeistigkeit
252	=	**37,81**	wenig Denkfähigkeit bei Mangel an Unterscheidungsgabe und Beweglichkeit sowie einiger Einfälle, unkritische Intuition
255	=	**39,40**	unterdurchschnittliche Denkfähigkeit bei einigen Einfällen und einiger geistiger Beweglichkeit ohne nennenswerte Unterscheidungsgabe, Alltagsdenken
258	=	**41,05**	knapp durchschnittliche Denkfähigkeit, geschickte Handhabung des Bekannten bei mangelnder Unterscheidungsgabe, unkritisches routinehaftes Denken
282	=	**38,44**	wenig Denkfähigkeit bei Mangel an Unterscheidungsgabe und Kombination, aber Einfallsfülle, sporadisches unkritisches Denken
285	=	**41,05**	knapp durchschnittliche Denkfähigkeit bei Einfallsfülle und einiger Beweglichkeit sowie Mangel an Unterscheidungsgabe, flüchtiges und sprunghaftes Denken
288	=	**43,85**	durchschnittliche Denkfähigkeit mit Einfallsreichtum und vielseitigen Verknüpfungen bei geringer Unterscheidungsgabe, unkritisches Phantasiedenken
522	=	**37,81**	wenig Denkfähigkeit bei klarer Unterscheidung, jedoch ohne viel Einfälle und Beweglichkeit, einspuriges begrenztes Urteilen
525	=	**39,40**	unterdurchschnittliche Denkfähigkeit bei klarer Unterscheidung und einiger Beweglichkeit ohne viel Einfälle, einspuriges Alltagsdenken
528	=	**41,05**	knapp durchschnittliche Denkfähigkeit bei klarer Unterscheidung, vielseitiger Verknüpfung, aber wenig Einfällen, geschicktes, aber einspuriges Alltagsdenken

552	=	39,40	unterdurchschnittliche Denkfähigkeit bei klarer Unterscheidung und einigen Einfällen, ohne Beweglichkeit, lineares Alltagsdenken
555	=	43,67	durchschnittliche Denkfähigkeit bei klarer Unterscheidung, einigen Einfällen und einiger Beweglichkeit, gehobenes Alltagsdenken
558	=	48,40	überdurchschnittliche Denkfähigkeit mit vielseitiger Verknüpfung bei klarer Unterscheidung und einigen Einfällen, klares und gewandtes Denken
582	=	41,05	knapp durchschnittliche Denkfähigkeit mit Einfallsreichtum, klarer Unterscheidung, aber ohne Beweglichkeit, lineares Phantasiedenken
585	=	48,40	überdurchschnittliche Denkfähigkeit mit Einfallsreichtum, einiger Unterscheidungsgabe und Beweglichkeit, bewegliches und phantasievolles Denken
588	=	57,06	hohe Denkfähigkeit mit vielseitigen Verknüpfungen und Einfallsreichtum bei einiger Unterscheidungsgabe, vielseitiges, einfallsreiches Denken
822	=	38,44	wenig Denkfähigkeit bei guter Unterscheidungsgabe, aber Mangel an Einfällen und Beweglichkeit, einseitiges, begrenztes kritisches Denken
825	=	41,05	knapp durchschnittliche Denkfähigkeit bei guter Unterscheidungsgabe und einiger Beweglichkeit, jedoch ohne nennenswerte Einfälle, scharfes, bewegliches Alltagsdenken
828	=	43,58	durchschnittliche Denkfähigkeit bei guter Unterscheidungsgabe und vielseitiger Verknüpfung, jedoch ohne nennenswerte Einfälle und Adaption, scharfes und gewandtes Denken in gewohnten Inhalten und Formen
852	=	41,05	knapp durchschnittliche Denkfähigkeit bei guter Unterscheidungsgabe, einigen Einfällen bei Mangel an Beweglichkeit, lineares kritisches Denken
855	=	48,40	überdurchschnittliche Denkfähigkeit bei guter Unterscheidungsgabe, einigen Einfällen und einiger Beweglichkeit, kritisch-analytisches Denken
858	=	57,06	hohe Denkfähigkeit bei guter Unterscheidungsgabe, einigen Einfällen und vielseitiger Verknüpfung geschicktes kritisches Denken
882	=	43,85	durchschnittliche Denkfähigkeit bei guter Unterscheidung, Einfallsfülle, aber Mangel an Beweglichkeit, phantasievolles und kritisches Einfallsdenken
885	=	57,06	hohe Denkfähigkeit bei guter Unterscheidungsgabe, Einfallsfülle und einiger Beweglichkeit vielseitiges phantasiereiches Denken

888	=	74,25	sehr hohe Denkbefähigung mit guter Unterscheidungsgabe, Einfallsfülle und vielseitiger Verknüpfung, vielseitiges vernetztes Denken

Selbst bei einer solchen, für eine sprachliche Darstellung nötigen Vergröberung erkennt man, wie unterschiedliche Denkweisen und Denkfähigkeiten bei unterschiedlicher Komponentenausprägung ausgebildet sein können. Zugleich fällt dabei noch deutlicher auf, daß unter und um mittlere Funktionswerte liegende Personen sich viel eher untereinander verständigen können, als solche mit höheren Funktionswerten, für deren Denken jenen mit niederen Werten jede Verstehensmöglichkeit abgehen wird. Dieses bestätigt ständig die Erfahrung im alltäglichen Umgang miteinander. Als nächstes wenden wir uns der Willensfunktion zu, die wir in gleicher Weise betrachten wollen.

wewmwk		*Wy*	**Willensfähigkeiten**
222	=	37,19	Mangel an Willensfähigkeit bei Mangel an Willensenergie, Willensmobilität und Willenskonstanz, verminderte Bewußtheitsfähigkeit
225	=	37,81	wenig Willensfähigkeit bei Mangel an Willensenergie und Willensmobilität, aber einiger Willenskonstanz eingeengte Bewußtheitsfähigkeit
228	=	38,44	wenig Willensfähigkeit bei Mangel an Willensenergie und -mobilität, aber straffer Willenskonstanz inflexible und unentschiedene Überbewußtheit
252	=	37,81	wenig Willensfähigkeit bei Mangel an Willensenergie und -konstanz, aber einiger Willensmobilität flüchtige Bewußtheit
255	=	39,40	knapp durchschnittliche Willensfähigkeit bei einiger Mobilität und -konstanz, aber fehlender Energie, unbestimmte Bewußtheit
258	=	41,05	knapp durchschnittliche Willensfähigkeit bei einiger Mobilität und beträchtlicher Konstanz, aber fehlender Energie, unbestimmte Überbewußtheit
282	=	38,44	wenig Willensfähigkeit bei geringer Energie und Konstanz, aber hoher Mobilität, oberflächliche Bewußtheit
285	=	41,05	knapp durchschnittliche Willensfähigkeit bei einiger Konstanz und hoher Mobilität, aber geringer Bestimmtheit, lockere Bewußtheit

288	=	43,85	durchschnittliche Willensfähigkeit bei viel Konstanz und Mobilität, jedoch ohne Bestimmtheit, flexible Bewußtheit
522	=	37,81	wenig Willensfähigkeit bei einiger Energie, aber geringer Mobilität und Konstanz, träge und nachlässige Bewußtheit
525	=	39,40	unterdurchschnittliche Willensfähigkeit bei einiger Energie und Konstanz, aber geringer Mobilität, gespannt-bestimmte Bewußtheit
528	=	41,05	knapp durchschnittliche Willensfähigkeit bei einiger Energie und ausgesprochener Konstanz, aber geringer Fluktuation, enge und bestimmte Bewußtheit
552	=	39,40	knapp durchschnittliche Willensfähigkeit bei einiger Energie und Mobilität, aber geringer Konstanz, reagible, aber flüchtige Bewußtheit
555	=	43,67	durchschnittliche Willensfähigkeit bei einiger Energie, Mobilität und Konstanz, klare und bestimmte Bewußtheit
558	=	48,40	überdurchschnittliche Willensfähigkeit bei einiger Energie und Mobilität sowie ausgeprägter Konstanz, klare und konzentrierte Bewußtheit
582	=	41,05	knapp durchschnittliche Willensfähigkeit bei einiger Energie, großer Mobilität und wenig Konstanz, wechselhafte Bewußtheit
585	=	48,40	überdurchschnittliche Willensfähigkeit bei einiger Energie und Konstanz, vielgleisige Bewußtheit
588	=	57,06	hohe Willensfähigkeit bei einiger Energie, hoher Mobilität und Konstanz, straffe-horizontweite Bewußtheit
822	=	38,44	wenig Willensfähigkeit bei großer Energie, aber geringer Mobilität und Konstanz, einseitige Bewußtheit
825	=	41,05	knapp durchschnittliche Willensfähigkeit bei großer Energie und einiger Konstanz, aber wenig Mobilität, entschiedene Bewußtheit
828	=	43,58	durchschnittliche Willensfähigkeit bei großer Energie und Konstanz, aber wenig Mobilität, sture Bewußtheit
852	=	41,05	knapp durchschnittliche Willensfähigkeit bei großer Energie und einiger Mobilität, aber wenig Konstanz, heftige Bewußtheit

855	=	48,40	überdurchschnittliche Willensfähigkeit bei großer Energie sowie einiger Mobilität und Konstanz, klare und entschiedene Bewußtheit
858	=	57,06	hohe Willensfähigkeit bei großer Energie und Konstanz sowie einiger Mobilität, gespannte und entschiedene Bewußtheit
882	=	43,85	durchschnittliche Willensfähigkeit bei großer Energie und Mobilität, aber eingeschränkter Konstanz, schwankende eruptive Bewußtheit
885	=	57,06	hohe Willensfähigkeit bei großer Energie und Mobilität sowie einiger Konstanz, weite und energische Bewußtheit
888	=	74,25	sehr hohe Willensfähigkeit bei großer Energie, Mobilität und Konstanz, ausgesprochen weite, klare und bestimmte Bewußtheit

Naturgemäß kommen hierbei die bestehenden Unterschiede sprachlich nicht ganz so deutlich zum Ausdruck wie bei den Denkstrukturen. Das liegt allerdings mehr daran, daß unsere Sprache bezüglich des Bewußtseins weniger differenziert ist. Diese Unterschiede in der Bewußtheitsfunktion dürften insbesondere auch für die Wahl psychotherapeutischer Methoden bei auftauchenden Persönlichkeitsstörungen von großer Bedeutung sein. Noch geringer ist ihre Differenzierung auf dem Bewegungs- und Vorstellsektor, so daß sich hierzu eine derart differenzierte Aufstellung und deren Übersetzung in die Sprache nicht lohnt.

Gerade im syntaktischen Bereich sind die Komponenten reagibler, was ihre Verknüpfung untereinander angeht. Dabei muß man einmal die Verknüpfungen der integrierenden untereinander, zum anderen die der assimilierenden mit den polaren integrierenden beachten. Bleiben wir zunächst bei der Verknüpfung der integrierenden Komponenten untereinander und versuchen auch hier eine näherungsweise Übersetzung in die Sprache:

	1,0-2,5	2,6-4,0	4,1-5,9	6,0-7,5	7,6-9,0
we			**Urteilsweise**(Ur)		dk
1,0-2,5	uneindeutige	unbestimmte	unfestgelegte	wechselnde	kompromißhafte
2,6-4,0	unscharfe	abhängige	begrenzte	kooperative	rationale
4,1-5,9	enge	unkomplizierte	alltägliche	sichere	selbständige
6,0-7,5	einspurige	einseitige	gezielte	konsequente	unabhängige
7,6-9,0	engstirnige	eigensinnige	unbeirrbare	eigenwillige	dominierende
wm		**Informationsver-**	**arbeitungsweise (Re)**		dp
1,0-2,5	mangelhafte	lückenhafte	bedächtige	eher langsame	folgsame
2,6-4,0	unzulängliche	unzureichende	zögernde	anregbare	ansprechbare
4,1-5,9	eingeengte	begrenzte	anstellige	aufgeschlossene	empfängliche
6,0-7,5	oberflächliche	flüchtige	reagible	flexible	geschickte
7,6-9,0	hektische	rastlose	bewegliche	vielseitige	gelehrige
wk		**Kombinations-**	**weise (Ko)**		de
1,0-2,5	unbeholfene	ungeschickte	unaufmerksame	wechselnde	zerfahrene
2,6-4,0	einförmige	wenig elastische	sorglose	flüchtige	sprunghafte
4,1-5,9	wenig gewandte	stetige	elastische	variable	bewegliche
6,0-7,5	wenig bewegliche	begrenzte	aufmerksame	gezielte	geschickte
7,6-9,0	haftende	einspurige	konsequente	zielsichere	gekonnte
ff	**Manuelle**	**Feinaus-**	**führungsfähigkeit**	**(Pf)**	vl
1,0-2,5	keinerlei	kaum	ungeschickte	eher steife	ungelenke
2,6-4,0	wenig	eingeschränkte	wenig geschickte	unbeholfene	wenig ausgebil-dete
4,1-5,9	unsichere	eingeengte	nicht unsichere	ausgebildete	flink
6,0-7,5	flüchtige	begrenzte	normale	geschickte	gezielte
7,6-9,0	oberflächliche	einige	befriedigende	sichere	gekonnte

	1,0-2,5	2,6-4,0	4,1-5,9	6,0-7,5	7,6-9,0
vp		**Ausführungs-**	**weise (Pm)**		fh
1,0-2,5	unbeholfene	ungeschickte	derben	grobe	unfertige
2,6-4,0	stockende	unsaubere	unpräzise	unselbständige	nachahmende
4,1-5,9	ungelenke	ungenaue	reproduktive	fortführende	ausgestaltend
6,0-7,5	wenig flüssige	wenig gekonnte	konstruktive	gestaltende	flüssige
7,6-9,0	unsichere	rezeptive	selbständige	gekonnte	produktive
vk		**Handlungsweise**	**(Pk)**		fk
1,0-2,5	unbeholfen	ungelenk	unsicher	wenig geschickt	orientierungslos
2,6-4,0	unkoordiniert	ungeschickt	wenig zielsicher	desorientiert	flüchtig
4,1-5,9	stockend	unelastisch	nicht unsicher	recht sicher	beweglich
6,0-7,5	steif	wenig geschmeidig	flüssig	elastisch	zielsicher
7,6-9,0	wenig flüssig	wenig gewandt	wendig	gewandt	geschmeidig

Man erkennt daraus, wie bedeutsam es für die Funktionsanalyse ist, die Kombinationen der assimilierenden bzw. integrierenden Komponenten untereinander zu prüfen und zu analysieren. Die Übersichten zeigen zudem wiederum deutlich, daß wir es hier nicht mit einer einfachen additiven (im alltäglichen Sinne) Verknüpfung zu tun haben. Vielmehr handelt es sich um eine Art Matrix von der Form:

	1	2	3	4	5	6	7	8	9dk
1									
2									
3									
4									
...we									

und die Lage entscheidet dann über die Bedeutung. Wir haben es also auch hier mit einem zweidimensionalen Zahlensystem und einer Addition in diesem zu tun, nur daß nicht die reellen und die imaginären Zahlengeraden diesem zugrunde liegen, sondern die - in diesem Beispiel - we- und dk-Zahlen usw.. Eine solche Verknüpfung wollen wir mit dem Zeichen # kennzeichnen.

Dabei ist ferner zu untersuchen, wie Kombinationen zwischen den subjektbezogenen bzw. objektvbezogenen assimilierenden und integrierenden Komponenten sich auswirken und erscheinen. Bleiben wir dabei zunächst beim Grundsätzlichen, so haben wir folgende Verknüpfungen zu betrachten:

vl # dk TI Trennungs- und Isolierungsweise
vp # dp GB Gestaltbildungsweise
vk # de ST Strukturierungsweise
ff # we DF Feingeschickklarheit
fh # wm DH Handgeschickvielfalt
fk # wk DK Bewegungsgeschickstraffheit

Während für die inneren Kombinationen noch relativ leicht treffende Bezeichnungsweisen zu finden sind, liegen derartige Termini für die äußeren Kombinationen nicht so nahe. Wir wollen uns daher auch auf die Buchstaben beschränken und nur die grundsätzlichen Folgen derartiger Verknüpfungen betrachten.

Im Falle TI kommt es zu einer Verknüpfung von Augenmaß, also der Bestimmung von Distanzen und Teilungen in der Vorstellung mit der Trennung von Gedanken, Begriffen und Superzeichen. Wir haben hier also eine Art Ergänzung der Unterscheidungsweise in Aneignen und Verarbeiten - besonders auch im Anschaulichen - vor uns, d.h. auch eine Verstärkung der anschauungsnahen wirklichkeitsbezogenen Urteilsfunktion. Für GB finden wir die Kombination von Formvorstellfähigkeit und Adaption innerer wie äußerer Inhalte, so daß daraus eine verstärkte Gestalt-, Prägnanz- und Gestaltungstendenz hervorgeht. Die Einfälle werden anschauungsnaher und konkreter durch die Mitwirkung von vp beim Einsatz von dp, umgekehrt werden Formen der Vorstellung besser in Bestehendes eingebunden.

Schließlich wirkt vk in Richtung auf Räumlichkeit der Vorstellungen, de in Richtung auf Verknüpfung und Umstrukturierung. Das bedeutet, daß die Strukturen und Strukturänderungen ST vollständiger und konkreter, gewissermaßen auch anschaulicher werden. Natürlich kann auch eine gewisse Gegenwirkung nicht unberücksichtigt bleiben, denn durch die Konkretisierung wird u. U. der Abstraktionsgrad und damit die Allgemeinheit des Strukturierungsergebnisses beeinträchtigt. DF gibt Aufschluß darüber, welche Energie und klare Linie hinter dem wirksamen Feingeschick steht, dieses gewissermaßen an reiner Spielerei verliert. Das an sich energiereichere Handgeschick gewinnt in Verbindung mit wm an Weite, Vielfalt und Reaktionsleichtigkeit und damit an Anpassungsfähigkeit im DH. Bewegungskoordination führt relativ leicht in spielerisch-oberflächliche und flüchtige Formen, eine Gefahr, die bei entsprechender wk-Stärke durch die wirksame Straffung und Konzentration eingedämmt wird, was sich dann in der Kombination DK spiegelt. So haben wir es also auch hier nicht mit einer einfachen Addition der Komponenten zu tun. Auch kann es sich nicht um eine umkehrbare Verknüpfung handeln, denn vx>dx ist von anderer Qualität als vx<dx. Das entspricht den Überlegungen, die bei der Verknüpfung der integrierenden bzw. assimilierenden Komponenten untereinander angestellt wurden. Dementsprechend wurde das Verknüpfungszeichen # oben gewählt. Nicht leicht ist es, diese Verknüpfungen in die Sprache umzusetzen. Dennoch wollen wir mit der Verknüpfung dp#vp ein Beispiel geben:

Gestaltbildungweise (GB)

vp	1,0-2,5	2,6-4,0	4,1-5,9	6,0-7,5	7,6-9,0 dp
1,0-2,5	stumpf	phantasielos	farblos	blaß	nüchtern
2,6-4,0	einfallslos	alltäglich	unanschaulich	abstrakt	formal
4,1-5,9	natürlich	figürlich	ausgewogen	geformt	vielseitig

6,0-7,5	farbig	lebendig	lebhaft	einfallsreich	vielfältig
7,5-9,0	bildlich	konkret	anschaulich	phantasievoll	phantastisch

Es geht hier also um die Art, wie die Gestalten, die Gegenstand der Informationsverarbeitungsweise sind, gebildet werden, welche Form sie in Anbetracht der wirkenden Komponenten annehmen.

Begabungsarten und -richtungen

Wie schon angedeutet, werden im Rahmen der Intelligenzforschung teilweise verschiedene Intelligenzarten unterschieden. Und manche Autoren scheinen anzunehmen, daß diesem unterschiedliche Begabungen zugrunde liegen. Daß es sich hier aber vor allem um die Bildung von Einsatz- und Anwendungsschwerpunkten infolge anderer Persönlichkeitsfaktoren handelt, wird besonders deutlich, wenn man sich etwa die näheren Angaben zur diesen speziellen Intelligenzen betrachtet. Etwa:

- **emotionale Intelligenz:** *im weitesten Sinn kann emotionale Intelligenz nicht nur als der Besitz eines stillschweigenden Wissens um die Funktionsweise von Emotionen verstanden werden, sondern auch als die Fähigkeit, dieses Wissen in seinem eigenen Leben nutzbar zu machen.....“*[38]
- **soziale Intelligenz:** *geschickter Umgang mit sozialen Situationen,* was in jeder Kultur an andere Voraussetzungen gebunden ist, also wohl eine Fertigkeit, aber keineswegs eine Begabung darstellt.

Und das gilt für die meisten der aufgeführten Intelligenzen. Und damit kommen wir auf das alte Problem „theoretische contra praktische Begabung“ zurück.

Dabei erübrigt sich diese Debatte, nachdem sich im Rahmen der Untersuchungen der deutschen Marinepsychologie gezeigt hatte, daß bei geeigneter Schulung Theoretiker zu gleich guten Ergebnissen im Praktischen

[38] Übersetzung in Rösing a. a. O. S. 112 aus Salovey und Pizarro: The value of emotional intelligence in: Sternberg, Lautrey und Lubert: Models of Intelligenz, Washington DC 2003

kamen und umgekehrt[39]. Sicher eine solche „Umerziehung“ läßt sich nicht von heute auf morgen verwirklichen. Dazu muß viel gelernt werden, dazu ist auch der Wunsch, dieses alles im Interesse übergeordneter Ziele zu lernen nötig, aber keineswegs eine neue oder andere Begabung. Und hier bewahrheiten sich die Erkenntnisse von Rohracher, Klages und Heiß wieder einmal, daß die Begabungen nur Werkzeuge (der Verknüpfung und Verarbeitung) im Dienste der Persönlichkeit und ihrer Dynamik sind. Sie haben zwar eigene Strukturen (s.o.), die aber im Sinne der Elemente und ihrer sigmatischen, semantischen und pragmatischen Komponenten eingesetzt werden. Und damit wird der Eindruck einer Vielzahl unterschiedlicher Intelligenzen erweckt. Dazu eine kleine Übersicht:

()=Betrag der Komponente <2,0; +y bzw. +iy = Komponentenwert >6,0, evtl. größte >5,0

+z	anschaulich, emotional
+iz	primitiv, augenblicksbestimmt, magisch
(z)	nüchtern, sachlich, starr, trocken
+s	rational, vernünftig
+is	eingeengt, schematisch, formalistisch
(s)	einfach, alltäglich, unkritisches, naives, undiszipliniertes
+v	sprühend, sprudelnd
+iv	unstet, unruhig
(v)	gelassen, stetig, träge, unanregbar
+h	gefühls- und gemütsbetont
+ih	subjektiv, unsachlich, ichbezogen
(h)	unabhängig, kühl, sachlich, kalt, gefühlsleer ohne menschliche Bezüge
+m	optimistisch, ideenreich, global
+im	manisch, oberflächlich und selbstunkritisch
(m)	nüchtern-sachlich, unsicher, zaghaft

[39] so nach K. Mierke - ehemals Leiter der Deutschen Marinepsychologie - in seinen Vorlesungen an der Universität Kiel.

+d	ernst, besinnlich,
+id	ängstlich, übervorsichtig
(d)	unbefangen, lässig, flach ohne Tiefgang
+e	außengewandt, (sog. Kontaktintelligenz),
+ie	ansprüchig, effektorientiert
(e)	ohne Umweltbeziehungen, scheu, weltfremd
+j	distanziert, innengelenkt, (Denken im eigenen System)
+ij	isoliert, ichbezogene und egozentrisch
(j)	unbefangen, offen, ungezwungen, abstandslos, von äußeren Einwirkungen abhängig,
+a	selbständig, eigenwillig
+ia	aggressiv, herrisch
(a)	lenkbar ohne Eigenwilligkeiten, abhängig, ohne Mut zum Eigenen,
+p	anpassend, empfänglich,
+ip	beeinflußbar
(p)	unbeeinflußbar, unempfänglich, unanregbar
+k	unternehmerisch, dynamisch,
+ik	unruhig, hitzig, explosiv,
(k)	bedachtsam, ruhig, lahm, adynamisch
+r	beharrlich, bestimmt, eindeutig,
+ir	prinzipienhaft, eigensinnig, negativistisch,
(r)	schweifend, flexibel, unstet, unbestimmt, verwaschen,
+l	lebenspraktisch, organisch
+il	triebhaft, kreatürlich
(l)	asketisch, mechanistisch, lebensfremd, naturfern,
+g	wissenschaftlich, philosophisch,
+ig	spekulativ, weltfremd
(g)	einfach, unkompliziert, alltäglich, physiognomisch, magisch, unwissenschaftlich,
+u	kulturell, historisch, sprachlich,

+iu	antifunktionell, schöngeistig, verspielt,
(u)	funktionell, zweckbetont, kulturabweisend, „zivilisatorisch",
+x	human, humanistisch, psychologisch,
+ix	subjektiv, individualistisch, egozentrisch,
(x)	sachbetont, unpersönlich, kollektivistisch, inhuman
+q	musisch, ästhetisch, künstlerisch,
+iq	schwärmerisch, ätherisch-effektorientiert,
(q)	zweckorientiert, quantitativ, nützlichkeitsbezogen, profitorientiert,
+o	organisierend, systematisierend, formal,
+io	bürokratisch, schematisch, schablonenhaft,
(o)	intuitiv, unsystematisiert, zufällig, chaotisch, ungeordnet,
+w	weltzugewandt, gesellschaftsbezogen,
+iw	posierend, effektorientiert, prestigesüchtig,
(w)	unauffällig, gesellschafts- und effektunabhängig, unengagiert, „privat" ohne Umweltbezug,
+t	weltanschaulich- und wertbestimmt, religiös,
+it	ideologistisch, fanatisch, orthodox,
(t)	liberal, freiheitlich, unvoreingenommen, neutralistisch, amoralisch, relativierend,
+b	konstruktives, gestaltend, dominierend,
+ib	verletzend, zerstörend, beherrschend, kommandierend,
(b)	rücksichtsvoll, folgsam, subaltern, nachbetend
+c	sozial, Bestehendes ausgestaltend, umsorgend,
+ic	ausführend, nachvollziehend, beeinflußbar,
(c)	unabhängig, freiheitlich, unansprechbar, willkürlich,
+f	progressiv, entwickelnd, fortschrittlich, auf Fernes gerichtet,
+if	abenteuerlich, veränderungssüchtig,
(f)	beschaulich, gegenwartsbezogen, fortschrittsfeindlich, änderungsfeindlich,
+n	sicherheitsbezogen, auf Bekanntes, Vertrautes gerichtet, ökonomisch

+in	prinzipienhaft, gewohnheits- und vorurteilsbezogen,
(n)	variabel, unfestgelegt, offen, entwurzelte, augenblicksorientiert,
NUL	praktisch, anschaulich, naturnah, lebensnah, alltäglich
GEI	geistig, erkenntnistheoretisch, geisteswissenschaftlich, rational, spekulativ
PUB	weltlich, gesellschaftlich, darstellerisch, aufmerksamkeitsheischend, ansprüchig
WEL	ethisch, gläubig, moralisch, weltabgewandt, jenseitig
KUS	kulturell, sprachlich, historisch, schöngeistig, illusionär
IGE	individualistisch, humanistisch, romantisch, schwülstig
MAF	machend, gestaltend, führend, beherrschend, machiavell, aggressiv, zerstörend,
MEN	fürsorglich, dienend, anpassend, unterwürfig, nachgiebig, plastisch, weich
WEK	ästhetisch, musisch, künstlerisch, modisch, unzweckmäßig, effektvoll
FOS	formal, systematisierend, ordnend, systemgerecht, formalistisch, schematisch, schablonenhaft
FOT	utopistisch, neuartig, erwerbsorientiert, forschend, erfindend, entwickelnd, abenteuerlich
BOG	erhaltend, bewahrend, sichernd, Sicherheit, bodenständig, Immobilien, statisch

Man erkennt daran deutlich, daß sich eine ganze Reihe der erwähnten und auch der nicht erwähnten Intelligenzen keineswegs auf eigene syntaktische Persönlichkeitsfaktoren gründen, sondern lediglich auf Ausrichtungen des Einsatzes der Begabungen durch Persönlichkeitsfaktoren zurückzuführen sind. Und das wird noch deutlicher, wenn man die eingangs aufgeführte Beschreibungssystemelemente, -komponenten und deren Zustände bzw. ihre Codes näher beschreibt und interpretiert sowie die wesentlichen Verknüpfungen hinzufügt:

Bezeichnung	**Pp- Primitivperson** [40]
γPp	**atavistische Grenzform** *Motor Disturbances* motorische Störungen, bizarre Haltungen, wiederholte eigenartige und manierierte Gesichts- und Körperbewegungen, Hyperkinese; Primitivismen, Echopraxien, pervertierte Genußsucht, Zurück-zur-Natur- Wahn

[40] zu den atavistischen Grenzformen sei auf Lorr verwiesen, Stichwort Psychose in Arnold/Eysenck/Meili: Lexikon der Psychologie, Freiburg 1987

δPp	**gehemmte Grenzform** *emotionale Gehemmtheit*:: Welt hat keinen Aufforderungscharakter, natürliche und unmittelbare Reaktionen sind nicht möglich, Starre, Leere, Impulslosigkeit, Affektarmut, ängstliche Genußunfähigkeit, die Welt verliert für das Subjekt den Aufforderungscharakter zum Handeln und vor allem zum aktiven Erleben, zu affektiver Assimilation; es bilden sich Starre, Leere, Impulslosigkeit und Affektarmut, wobei körperliche, organische, sensuale und vitale Genußwünsche nicht entfaltet werden; das führt zu Desinteresse am lebendigen und sinnlichen Geschehen und zur Ausbildung von Genußunfähigkeit im Vitalen aus Angst.
βPp	**infantile Form,** *Triebhaftigkeit,* Kreatürlichkeit des Erlebens, kindliche Unmittelbarkeit, Genießernaturell, Eindrucksabhängigkeit des Erlebens, Impulsivität, Augenblicksabhängigkeit, übertriebene Genußwünsche,
αPp	**reife Form** *Emotionalität,* Natürlichkeit und Unmittelbarkeit des Erlebens, aus dem Es heraus erleben, Anschauungsnähe, Alltagsnähe, Genußfähigkeit, Zyklothymie, Seele, physiologische und vitale Bedürfnisse, praktische Ausrichtung, Augenmaß,
γz	**intentionale Turbulenz** hyperkinetisches und primitives Verhalten, evtl. verbunden mit Echopraxien, groteske und bizarre Motorik
δz	**intentionale Gehemmtheit** die Welt verliert für das Subjekt den Aufforderungscharakter zum Handeln und vor allem zum aktiven Erleben, zu affektiver Assimilation; es bilden sich Starre, Leere, Impulslosigkeit und Affektarmut
βz	**impulsiv**, überschwengliche und augenblicksabhängige Reaktionsweise
αz	**natürlich**, unmittelbar, initiativ, emotional, ursprünglich
γl	**vitale Turbulenz** verschrobene, pervertierte Genußwünsche, Suchtformen des Genusses
δl	**vitale Gehemmtheit** bei der körperliche, organische, sensuale und vitale Genußwünsche nicht entfaltet werden; das führt zu Desinteresse am lebendigen und sinnlichen Geschehen und zur Ausbildung von Genußunfähigkeit im Vitalen aus Angst.
βl	**Genußhaftigkeit,** Genußstreben, übersteigerte vitale Neigungen
αl	**natürliche und angepaßte vitale und physiologische Neigungen** und Strebungen
vl	**lineare** Vorstellfähigkeit, Augenmaß, lineare Vorstellbegabung
γnul	**vitale Wahnvorstellungen**, Zurück-zur-Natur-Wahn
δnul	**verdrängte vitale,** physiologische sinnenhafte Inhalte

βnul	**vertiefte bis magische vitale**, lebensnahe Inhalte, physiognomisches Hintergrundwissen im Organischen
αnul	**lebenspraktische Einzelkenntnisse** und –erfahrungen, Lebens- und Naturwissen
Bezeichnung	**Rp- Rationalperson**
γRp	**atavistische Grenzform,** *Disorientation,* Desorientierung, funktionale Desorientierung hinsichtlich Zeit und Ort, es kann zur Unfähigkeit kommen, Menschen wiederzuerkennen, die der Patient kennen müßte, traumhaftes und nebelhaftes Erleben, Verwirrtheitszustände, paranoide Neugier, Gefühl durch das Schweigen anderer ausgeschlossen zu werden, esoterische Wahnvorstellungen,
δRp	**gehemmte Grenzform,** *rationale Gehemmtheit:* es fehlt an Steuerung der Abläufe und damit der Bezug zu Ordnungen und Regeln, es fehlt aber auch das Leiden daran, Züge neurotischer Verwahrlosung treten hervor, Irrationalität, Unvernunft, indirekte Augenblicksabhängigkeit, Uninteressiertheit, Angst vor eigener Neugier, die vernunftbestimmte Ichsteuerung wird nicht herausgebildet; es bilden sich Steuer- und Disziplinlosigkeit, Unvernunft und die sog. Neurotische Verwahrlosung.
βRp	**infantile Form,** *Vernünftelei,* Neigung zu Schematismus und eingeengtem Formalismus, Züge von Schablonenhaftigkeit, Enge, Intellektualismus, irrationale Weltfremdheit,
αRp	**reife Form,** *Vernünftigkeit,* Überlegung, Selbstdisziplin, Steuerung und kritische Haltung, Geist, noetischer Oberbau, Ichperson, intellektuelle, rationale Bedürfnisse, theoretische Ausrichtung, Unterscheidungsschärfe,
γs	**Ichturbulenz,** herabgesetztes Realitätsbewußtsein, traumhaftes und nebelhaftes Erleben, Verwirrtheitszustände
δs	**Ichgehemmtheit,** die vernunftbestimmte Ichsteuerung wird nicht herausgebildet; es bilden sich Steuer- und Disziplinlosigkeit, indirekte Augenblicksabhängigkeit, Unvernunft und die sog. neurotische Verwahrlosung
βs	**Verregelung**, Schablonisierung, Einengung, Schematismus, Drillformen
αs	**Rationalität,** Überlegung, planvoll, kritisch, diszipliniert, gesteuert
γg	**mentale Turbulenz,** paranoide Neugier, verschrobener Informationsdrang, der Kranke fühlt sich durch das Schweigen anderer ausgeschlossen und hat das Gefühl, die anderen ließen ihn auflaufen

δg	**mentale Gehemmtheit**, bei der die Ausbildung geistiger Bedürfnisse und Interessen verhindert wurde; es fehlt an Informationsdrang und natürlicher Neugier, es entsteht eine gedankliche Uninteressiertheit
βg	**weltfremde Neigungen,** spekulative, intellektualistische Neigungen,
αg	**theoretische Neigungen,** ideelle, geisteswissenschaftliche Neigungen
dk	**geistige Unterscheidung,** analytisches Denken, geistige Kanaltrennung
γgei	**mentale Wahnvorstellungen**, idealistische, weltferne, esoterische Wahn- und Zwangsideen
δgei	**verdrängte Gedanklichkeit**, ohne Ideale und theoretische Hintergründe, verdrängte theoretische Erkenntnisse
βgei	**vertieftes, idealistisches geistiges** Rüstzeug, esoterisch gefärbte Hintergrundinhalte
αgei	**geistige und gedankliche Einzelinhalte**, Ideen-Vielwissen, vielfältige theoretische Kenntnisse
Bezeichnung	**Up- Umweltperson**
γUp	**atavistische Grenzform** *Excitement* Erregungszustand mit beschleunigter Sprache, laut, schwer zu unterbrechen, erhöhte Stimmungslage und Selbstwertschätzung, ungezügelter und schauspielerischer Ausdruck, hysterische Reaktionen, Selbstbespiegelungen, narzißtische Reaktionen, exhibitionistische Zwänge,
δUp	**gehemmte Grenzform** *Zuwendungsgehemmtheit:* Umweltangst, Scheu, Kontakthemmungen in dinglicher und menschlicher Hinsicht, Öffentlichkeitsscheu, Aussteigermentalität, Anspruchsängste, es bildet sich keine aktive Zuwendung zur Welt und Umwelt heraus; Isolierungstrends, Kontaktscheu und Kontakthemmungen werden deutlich. Bedürfnisse der Weltzuwendung und der erlebenden Teilnahme der Welt konnten nicht entfaltet werden; ängstliches Desinteresse gegenüber Öffentlichkeit, Gesellschaft und Welt, Anspruchsängste, Öffentlichkeitsscheu und Aussteigertendenzen sind die Folge.
βUp	**infantile Form,** *Darstellungsdrang* Prestige- und Statusdrang, will auf sich aufmerksam machen und dadurch Beziehungen zur Umwelt gewinnen, Geltungsdrang,
αUp	**reife Form** *Weltzuwendung* extravertiertes Verhalten, sucht Gesellschaft und Öffentlichkeit, wendet sich der Welt zu, Aufgeschlossenheit, Geselligkeitsbedürfnisse, Selbstschätzungsbedürfnisse, Feingeschick
γe	**Extraversive Turbul*enz*** Selbstbespiegelungen, narzißtische, hysterische Reaktionen, selbstbezogene Umweltassimilation

δe	**Extraversive Gehemmtheit** es bildet sich keine aktive Zuwendung zur Welt und Umwelt her aus; Isolierungstrends, Kontaktscheu und Kontakthemmungen.
βe	**Auffälligkeit**, darstellerisch, aufgeblasen,
αe	**Außenwendung,** Außenorientierung, Kontaktoffenheit
γw	**Publikumsturbulenz,** verschrobene Welt. und Öffentlichkeitssucht, hysterische Selbstdarstell-ungssucht, exhibitionistische Zwänge
δw	**Welt- und Publikumsgehemmtheit** ,Bedürfnisse der Weltzuwendung und der erlebenden Teilnahme der Welt konnten nicht entfaltet werden; ängstliches Desinteresse gegenüber Öffentlichkeit, Gesellschaft und Welt, Anspruchsängste, Öffentlichkeitsscheu und Aussteigertendenzen sind die Folge.
βw	**Suche nach Ansehen,** Prestigeverlangen, Statusdrang
αw	**Öffentlichkeitszuwendung,** gesellschaftliche und gesellige Neigungen
ff	manuelles Fein- und Fingergeschick
γpub	**weltlich orientierte Wahnvorstellungen** zur eigenen Bedeutung
δpub	**Verdrängung weltlicher Realitäten**, Weltfluchtideen, Angst vor vielen Menschen und weiten Räumen
βpub	**gesellschaftliche,** weltliche u. öffentliche Hintergrundsinhalte evtl. magischer Art
αpub	**vielerlei gesellschaftliche** Einzelinhalte und Kenntnisse
Bezeichnung	Üp- Überichperson
γÜp	**atavistische Grenzform** ,*Anxious Depression* ängstliche Verstimmung, von unbestimmter Angst, aber auch bestimmten Sorgen wird berichtet, die Stimmung ist dysphorisch bei gleichzeitigen Selbsterniedrigungstendenzen, zusätzlich sind Schuldgefühle und Gewissensbisse über wirkliche oder eingebildete Verfehlungen zu beobachten, Verfolgungsängste, inadäquate Fluchtreaktionen, totstellreflexartige Mechanismen, Unheimlichkeitsaffekte, ideologische Zwänge und Verabsolutierungen, Gerechtigkeitszwänge, religiöses Eiferertum,

δÜp	**gehemmte Grenzform,** *integrative Gehemmtheit*: Verlust der inneren Orientierung, fehlende Werthaltungen und Distanz, Abhängigkeit von Außenlenkung, fehlende Fluchtdistanz, Angst vor dem Alleinsein, rücksichtslose Aufdringlichkeit, Neutralismus, Relativismus, Opportunismus, areligiös, amoralisch, es entwickelt sich keine Fluchtdistanz, die Orientierung aus sich heraus bleibt verschlossen; es bilden sich rücksichtslose Aufdringlichkeit und Angst vor dem Alleinsein, die Welt wird affektiv nicht integriert.
βÜp	**infantile Form,** *Egozentrizität* bezieht alles auf sich, übertriebene Schamgefühle und Gewissensreaktionen, Unfreiheit, Isolierung, Abkapselung, übermäßige Verschlossenheit, orthodoxe und fanatische ideologische Haltungen,
αÜp	**reife Form** *Innenlenkung* orientiert sich an inneren Wertvorstellungen, wahrt Abstand und Distanz, Intraversion, Streben nach Werten, ideologische Bedürfnisse (u.a. religiöse Bedürfnisse, ethische Vernünftigkeit), Bewußtheitsklarheit,
γi	**Intraversive Turbulenz,** Verfolgungsängste, inadäquate Fluchtreaktionen, totstellreflexartige Mechanismen, Unheimlichkeitsaffekte
δi	**Intraversive Gehemmtheit,** es entwickelt sich keine Fluchtdistanz, die Orientierung aus sich heraus bleibt verschlossen; es bilden sich rücksichtslose Aufdringlichkeit und Angst vor dem Alleinsein, die Welt wird affektiv nicht integriert
βi	**Isolation,** Verbergen, Verstecken, unfrei, befangen
αi	**Zurückhaltung,** Verhaltenheit, Distanzierung, Reserve
γt	**Taxonomische Turbulenz,** verschrobene, irreale Wertbedürfnisse, ideologische Zwänge und Verabsolutierungen, Gerechtigkeitszwänge, religiöses Eiferertum
δt	**Taxonomische Gehemmtheit**, das Wertstreben wurde nicht ausgebildet; Angst vor der Entwicklung eigener bzw. Übernahme fremder Wertsysteme und Bewertungen führt zu Neutralismus, Relativismus, Areligiosität, Amoralität und Opportunismus.
βt	**Orthodoxie,** ideologische Engstirnigkeit, ideologistisch, frömmelnd, illiberal
αt	**ethisch**, weltanschaulich festgelegt und gebunden, Werthaltung,
we	**Entschlossenheit,** Bewußtheitsklarheit, Deutlichkeit
γwel	**taxonomische Wahnvorstellungen,** religiöse, ideologische, weltanschauliche Wahnvorstellungen, verschrobene Wertmaßstäbe

δwel	**gehemmte ideologische Inhalte,** Neutralismus, Amoralität als Folge verdrängter ethischer und ideologischer Inhalte
βwel	**fundierte, evtl. magische ideologische Konzeptionen**, weltanschauliches utopisches Hintergrundwissen,
αwel	**ideologisches Einzelwissen,** vielerlei weltanschauliche Kenntnisse und Erfahrungen
Bezeichnung	Kp- Kulturperson
γKp	**atavistische Grenzform,** *Obsessional Phobic* phobischer Zwang mit unkontrollierbaren Handlungen und Ritualen, wiederkehrende ungewollte Ideen, bestimmte Ängste und Ideen über Persönlichkeitsveränderungen und Irreales, halluzinäre, rauschhafte Zustände, kultureller Sendungswahn, Kulturaposteltum, Maschinenstürmerei,
δKp	**gehemmte Grenzform,** *Gefühlsreaktionsgehemmtheit:* Verlust der Mitte, Funktionalismus, Angst vor Kultur und lebhaften Gefühlen, Gefühlsindolenz und –trägheit, nicht zu begeistern, Unfähigkeit vorhandene Bindungen zu lösen, gefühlshaftes Kleben, interesselos gegenüber Sprache, Kultur etc., Zweckfunktionalismus, geht mit einem Verlust der gefühlsmäßigen Äußerungsfähigkeit als Basis der inneren Assimilation sozialer Verbindungen einher, so daß sich keine Begeisterungsfähigkeit bilden kann; diese Menschen können sich innerlich nicht auf neue Menschen einstellen und auf sie zugehen, sind unfähig vorhandene Bindungen zu lösen und gegen neue einzutauschen. Es sind Gefühlsindolenz und –trägheit zu verzeichnen.
βKp	**infantile Form,** *Schwärmerei* übersteigerte, unstete Gefühlsäußerungen mit ekstatischen und illusionären Zügen, Ästhetizismus, zweckentfremdete Schöngeistigkeit, Antifunktionalismus,
αKp	**reife Form,** *Idealismus* kulturelle Orientierung, Lebhaftigkeit der sozialen, kulturellen und sprachlichen Äußerungen, Äußerungsleichtigkeit, Gefühlslebhaftigkeit, Wachsamkeit, kulturelle Bedürfnisse, schöngeistige Bedürfnisse, Formensinn
γv	**Versatile Turbulenz,** halluzinäre Zustände, illusionäre, rauschhafte Schwärmereien
δv	**Versatile Gehemmtheit,** geht mit einem Verlust der gefühlsmäßigen Äußerungsfähigkeit als Basis der inneren Assimilation sozialer Verbindungen einher, so daß sich keine Begeisterungsfähigkeit bilden kann; diese Menschen können sich innerlich nicht auf neue Menschen einstellen und auf sie zugehen, sind unfähig vorhandene Bindungen zu lösen und gegen neue einzutauschen. Es sind Gefühlsindolenz und -trägheit zu verzeichnen
βv	**Erregbarkeit,** Geschwätzigkeit, Schwärmerei, ekstatische Reaktionen

αv	**Äußerungsleichtigkeit,** agil, sprühend, lebhaft, begeistert
γu	**Universale Turbulenz,** verschrobener Kulturfanatismus, kultureller Sendungswahn, Bilderstürmerei, Maschinenstürmerei, Kulturaposteltum, Kultur-Erneuerer
δu	**Universale, kulturelle Gehemmtheit,** führt dazu, daß sich kein Interesse an Kultur, Sprache und Werden der Gesellschaft herauszubilden vermag, so daß häufig Zweckfanatismus, Kulturabwehr und Überbetonen des Zivilisatorisch-Funktionellen erscheinen.
βu	**Schöngeistigkeit,** Kulturschwärmerei, Antifunktionalismus
αu	**Kulturgebundenheit,** Idealismus, historische Neigungen
vp	**Formvorstellvermögen,** Formensinn
γkus	**Universalwahnideen,** verschrobene kulturelle, historische Inhalte, Sprachverschrobenheiten
δkus	**reine Zweckinhalte** infolge von Kulturabwehr und Verdrängungen kultureller und sprachlicher Inhalte; Kulturbanausentum
βkus	**umfassendes, tiefgründiges Kulturwissen,** fundierte Kenntnisse und Erfahrungen in historischer, sprachlicher und kultureller Hinsicht vielfach nur begrenzt real
αkus	**kulturelle Einzelkenntnisse und –erfahrungen,** vielfältige sprachliche Möglichkeiten
Bezeichnung	Bp- Beziehungsperson
γBp	**atavistische Grenzform,** *Paranoid Projection* Verfolgungswahn mit ungerechtfertigten fixen Ideen, die Personen aus der Umgebung des Individuums aggressive, verfolgerische und kontrollierende Absichten zuschreiben, verschrobene, auf die eigene Person gerichtete Bindungen, Hundeheimweh, persönlicher Sendungswahn, dabei sich von anderen verfolgt fühlen,
δBp	**gehemmte Grenzform,** *Humanitätsängste:* Angst vor dem Menschlichen, vor Partnerschaften, aber auch der Selbstverwirklichung, Rückzug ins Kollektiv, Züge der Kälte und Unpersönlichkeit, fehlende innere soziale Beziehungen, und Bindungen, Gemütsarmut, betonte Sachlichkeit als Sublimation, führt zur Nichtausbildung der integrierenden sozialen Tiefenfunktion und damit zu einem Fehlen sozialer Bezogenheit und Bindungen, was als Kälte und Gemütsarmut erscheinen kann.
βBp	**infantile Form,** *Sentimentalität* Gefühlchen, Gefühlsduselei, romantische Schwärmerei, Gemütsegoismus, Singularisierung, Ichbetonung,

αBp	**reife Form,** ***Humanität*** Gefühlstiefe und Bindungsfähigkeit verbunden mit Eigenständigkeit des gefühlsmäßigen Erlebens, Individualität, Gemüt, Bedürfnis nach Selbstbestimmung und Selbstverwirklichung in dem Zusammenleben mit anderen, geistige Einfälle und Adaption,
γh	**Conjunktive Turbulenz,** verschrobene, auf die eigene Person gerichtete Bindungen, etwa auch in Form des krankhaften Hundeheimwehs
δh	**Conjunktive Gehemmtheit,** führt zur Nichtausbildung der integrierenden sozialen Tiefenfunktion und damit zu einem Fehlen sozialer Bezogenheit und Bindungen, was als Kälte und Gemütsarmut erscheinen kann.
βh	**Romantik,** Ichbindung der Gefühle, Gefühlssentimentalität
αh	**Wärme,** Gefühlstiefe, Bindungstiefe, Sensitivität
γx	**Personale Individuationsturbulenz,** verschrobene Selbstverwirklichungswünsche, Icherhebungszwänge, persönlicher Sendungswahn
δx	**Personale Gehemmtheit,** Individuationstendenzen wurden nicht entfaltet; kollektivistische Neigungen aus Angst vor dem Selbstsein sowie überbetonte Sachlichkeit als Negation von Gefühlen als Substitutionserscheinung treten hervor
βx	**Singularisierung,** Vereinzelung, Absonderungsneigungen
αx	**Selbstverwirklichung,** Individuation, Ichverwirklichung in der Gemeinschaft
dp	**Denkplastizität,** Denkadaption, Informationsaufnahme von innen und außen, Einfälle, Kreativität, Phantasie
γige	**Individuationswahn,** größenwahnähnliche Inhalte, Sendungsideen, Ichgottvorstellungen
δige	**Individuationsgehemmtheiten,** Angst vor dem Selbstsein, vor Selbstverwirklichung und ähnlichen Neigungen und Verdrängung entsprechender Inhalte
βige	**fundiert wirkende psychologische Kenntnisse und Erfahrungen,** menschliche (romantisierte) Hintergrundinhalte
αige	**psychologische Einzelkenntnisse und –erfahrungen,** menschliche und gefühlsmäßige Einzelinhalte
Bezeichnung	Gp- Gestaltungsperson

γGp	**atavistische Grenzform,** *Hostile Belligerence* aggressive Streitsucht, bei der Beschwerden über Aggressivität und Ressentiment gegen andere üblich sind, die Schuld an Schwierigkeiten und Versagen anderen gegeben wird, Selbstzerfleischungs- und –zerstörungsreaktionen, verschrobene Macht- und Herrschaftssüchte,
δGp	**gehemmte Grenzform,** *Machtängste:* Gestaltungsgehemmtheiten, Aggressionsgehemmtheiten, Bewältigungsgehemmtheiten, Angst, anderen ins Gehege zu kommen, Angst vor dem Sichdurchsetzen, fehlender sozialer Ehrgeiz aus Angst, Nichtentfaltung aktiven Handelns in sozialen Bezügen, wodurch Selbstdurchsetzung und Angriffslust verlorengehen, es entsteht ständige Angst, anderen ins Gehege zu kommen oder sie zu verletzen.
βGp	**infantile Form,** *Beherrschung* Machtwünsche, Züge von Herrschsucht und Aggressivität, Schärfe der Reaktionen, Hitzigkeit, Machenwollen um jeden Preis,
αGp	**reife Form,** *Gestalten* Aktivität des Gestaltens und Machens, aber auch der Durchsetzung, Führungs- und Lenkungsdrang, Leistungsbedürfnis, manuelles Tun,
γa	**Aggressionsturbulenz,** Aggressivität gegen die eigene Person, Selbstzerfleischungsreaktionen
δa	**Aggressionsgehemmtheit,** Nichtentfaltung aktiven Handelns in sozialen Bezügen, wodurch Selbstdurchsetzung und Angriffslust verlorengehen, es entsteht ständige Angst, anderen ins Gehege zu kommen oder sie zu verletzen.
βa	**Aggressivität,** Heftigkeit, Schärfe der Reaktionen
αa	**Aktivität,** angreifend, durchsetzend,
γb	**Bewältigungsturbulenz** Zerstörungszwänge, verschrobene Macht- und Herrschaftsbedürfnisse ohne Rücksicht auf die eigene Person
δb	**Bewältigungsgehemmtheit** bei der keine gestaltenden und konstruktiven Bedürfnisse entfaltet wurden; es entwickeln sich keinerlei Macht- und Führungsansprüche, kein sozialer Ehrgeiz, männliche und gestaltende Rollen machen Angst und werden daher abgelehnt.
βb	**Überwältigung,** Unterdrückung, Machtstreben
αb	**Gestaltung,** Lenkung, Leitung, Bestimmung, Bewältigung
fh	**Handgeschick,** manuelle Fähigkeiten
γmaf	**Bewältigungswahn,** verschrobene Macht-, Blut-, Zerstörungs- und Terrorinhalte

δmaf	**verdrängte Macht- und Führungswünsche,** unterdrückte und gestaute Gestaltungsvorstellungen, wagt keine Gedanken dahingehend
βmaf	**fundierte Lenkungsinhalte,** Gestaltungs- und Steuerungshintergrundinhalte häufig mit magischen Akzenten
αmaf	**Gestaltungseinzelwissen und –erfahrungen**, Einzelinhalte zu Lenkungs- und Steuerungsthemen
Bezeichnung	Sp- Sozialperson
γSp	**atavistische Grenzform,** *Functional Impairment* Funktionale Schwäche mit Beschwerden über die Unfähigkeit, sich zu konzentrieren, zu arbeiten oder Entscheidungen zu treffen; Interesse an anderen Menschen, am anderen Geschlecht oder gesellschaftlicher Aktivität ist herabgesetzt oder fehlt, Verführbarkeits- und Hingabezwänge; Zwang, Unbrauchbares zu erhalten;
δSp	**gehemmte Grenzform,** *Sozialängste:* Angst vor der Anpassung an soziale Gegebenheiten, Neigung zu unangemessenem Freiheitsdrang, unsensibel, rigide, vertrauenslos in sozialer Hinsicht, Angst vor sozialen Aufgaben, vor Helfen, Hegen und Pflegen, Hingabegehemmtheit, Nichtentfaltung von Beeindruckbarkeit und Sensibilität - besonders im Umgang mit der sozialen Umwelt - , das führt zu Rigidität, Vertrauenslosigkeit, Anpassungsunfähigkeit, Mangel an Lösung und Entspannung.
βSp	**infantile Form,** *Abhängigkeit* Nachgiebigkeit, Beeinflußbarkeit, erdrückende Fürsorge, die keinen echten Halt und keine wirkliche Hilfe gibt, die zur Beherrschung anderer führt, Herrschen durch Schwäche,
αSp	**reife Form,** *Hingabe* soziale Bedürfnisse, Engagement in der Gemeinschaft, Dienstbereitschaft, Anpassung, Beeindruckbarkeit, Hegen und Pflegen, soziale Anpassung, fluktuierende Aufmerksamkeit, Bewußtheitsweite,
γp	**Pathische Turbulenz,** Nachgiebigkeitszwänge, Verführbarkeits- und Hingabezwänge
δp	**Pathische Gehemmtheit,** Hingabegehemmtheit, Nichtentfaltung von Beeindruckbarkeit und Sensibilität – besonders im Umgang mit der sozialen Umwelt - , das führt zu Rigidität, Vertrauenslosigkeit, Anpassungsunfähigkeit, Mangel an Lösung und Entspannung .
βp	**Weichheit,** Nachgiebigkeit, Beeinflußbarkeit, Verführbarkeit
αp	**pathisch,** beeindruckbar, empfänglich, sensibel, hingabefähig

γc	**Soziale Turbulenz** verschrobenes Sozial- und Pflegebedürfnis, der Kranke muß auch dort helfen, wo keine Hilfe gebraucht wird, Unbrauchbares zu retten und zu erhalten, ist er gezwungen
δc	**Soziale Gehemmtheit** bei der keine sozialen und caritativen Bedürfnisse ausgebildet werden; diese Menschen können weder andere Menschen noch Gegenstände hegen und pflegen, geschweige denn Verständnis für sie entwickeln.
βc	**Bemutterungsdrang,** Mitläufertum, übertriebene, evtl. auch erdrückende Fürsorglichkeit
αc	**Beteiligungsdrang,** Anpassungsneigung, Dienstbereitschaft, Helfenwollen, Pflegenwollen, pflegendes Erhalten, Serviceneigungen
wm	**Willensmobilität,** Horizontweite, fluktuierende Aufmerksamkeit, Bewußtheitsweite, Willensreagibilität
γmen	**soziale Wahnvorstellungen,** sozialutopische Inhalte, feministische Wahnideen und Verschrobenheiten, mütterlichkeitsideologische Wahninhalte
δmen	**feminine, soziale Verdrängungen,** Angst vor weiblichen Inhalten, männliche Protestinhalte,
βmen	**fundierte evtl. magische soziale Inhalte,** Dienst-, Service-, Anpassungs-, Pflege- und Wartungshintergrundinhalte
αmen	**Soziale Einzelkenntnisse und –erfahrungen,** Einzelinhalte aus den Bereichen des Dienens, Pflegens und der Wartung
Bezeichnung	Ep- Einstellungsperson
γEp	**atavistische Grenzform,** *Grandiosity* Größenwahn, eine Einstellung der Überlegenheit verbunden mit unberechtigten Gefühlen, über ungewohnte Kräfte zu verfügen; göttliches Sendungsbewußtsein kann ebenfalls beobachtet werden; ideenflüchtige Reaktionen, bei denen alles unabhängig von den Realitäten durch eine rosarote Brille betrachtet wird, Qualitätswahn, Künstlerwahn,
δEp	**gehemmte Grenzform,** *Minderwertigkeitsgefühle:* manische Gehemmtheit, Lebensangst, Depressionen, depressive Verstimmungen, reine Nützlichkeitshaltungen, Quantitätssucht als Kompensation, Frische und Selbstvertrauen werden nicht ausgebildet, womit ein Verlust von Wagemut, Optimismus und Risikobereitschaft ebenso verbunden ist wie Lebensangst, Minderwertigkeitsgefühle und Depressionen.

βEp	**infantile Form,** *Unbedenklichkeit* überhöhte Risikobereitschaft, Mangel an Selbstkritik, Hektik, Leichtfertigkeit, Flüchtigkeit, Tollkühnheit, effekt- und äußerlichkeitsorientiert
αEp	**reife Form,** *Sicherheit* Frische, Heiterkeit, sanguinisch, Selbstvertrauen, Wagemut, ästhetische Bedürfnisse, musische und künstlerische Bedürfnisse, Qualitätssinn, plastische Vorstellung,
γm	**Manische Turbulenz,** unruhige, hektische, ideenflüchtige Reaktionen, bei denen alles unabhängig von Realitäten durch die besonders rosarote Brille betrachtet wird
δm	**Gehemmtheit des Manischen,** Frische und Selbstvertrauen werden nicht ausgebildet, womit ein Verlust von Wagemut, Optimismus und Risikobereitschaft ebenso verbunden ist wie Lebensangst, Minderwertigkeitsgefühle und Depressionen.
βm	**Unbedenklichkeit,** Leichtfertigkeit, Flüchtigkeit, Oberflächlichkeit
αm	**Sicherheit,** Selbstgefühl, Optimismus, Frische, Heiterkeit
γq	**Qualitätenturbulenz,** verschrobene Effektbedürfnisse, Geschmacksverirrungen, Künstlerwahn, Qualitätswahn
δq	**Qualitätengehemmtheit,** es entsteht keine Beziehung zur Qualität und zu Qualitätsunterschieden; es besteht kein Interesse für Qualitäten und deren Wirkungen, für musische und ästhetische Phänomene, es wird aus Angst oft in eine reine Nützlichkeitseinstellung und Quantitätssucht ausgewichen
βq	**Kitsch,** Effektbedürfnisse, Veräußerlichungen,
αq	**ästhetische Bedürfnisse,** Geschmack, Qualitätssinn, musisch, künstlerische Neigungen,
vk	**kubische Vorstellfähigkeit,** räumliches Vorstellvermögen,
γwek	**Qualitätswahnideen,** irreale Gütevorstellungen, verschrobene ästhetische Inhalte, bizarre Inhaltsformen
δwek	**verdrängte Qualitätsinhalte,** amusisch, Quantitätswahn, Kunstbanauseninhalte
βwek	**fundierte häufig magische Qualitätsinhalte,** musische und ästhetische und ästhetisierende Hintergrundwelten
αwek	**vielerlei Qualitätsinhalte,** musische und ästhetische Einzelheitenkenntnisse und –erfahrungen
Bezeichnung	Op- Ordnungsperson

γ0p	**atavistische Grenzform,** *Perceptual Distortions* Wahrnehmungsstörungen, Erlebnisse unechter Wahrnehmungen in Form von Stimmen, die bedrohlich anklagen oder etwas fordern, Beeinträchtigungswahn, Verfolgungsängste, Hoffnungslosigkeit und verschrobene Schuldgefühle, hypochondrische Reaktionen, Kontroll- und Ordnungszwänge,
δ0p	**gehemmte Grenzform,** *Ordnungsängste:* Chaotismus, Angst vor Ordnung, Systematik und Regeln, Mangel an Ernst und Besinnlichkeit, Flachheit, Verantwortungslosigkeit, Nachlässigkeit, Schlamperei, Ernst, natürliche Vorsicht und Besonnenheit werden nicht entfaltet; eine erhebliche Unfähigkeit zum Abwägen, Flachheit, Verantwortungslosigkeit, Leichtsinn und lässige Tollkühnheit werden wirksam.
β0p	**infantile Form,** *Pedanterie* Übervorsicht, Mißtrauen, Verdrossenheit, Mißmut, strenge, fixierte und wenig sinnvolle Ordnungsbildung, Listenführungsdrang, bürokratische Tendenzen und Verhaltensformen,
α0p	**reife Form,** *Abwägen* Besinnlichkeit, Besonnenheit, Systematik, Tiefsinn, Ernst, melancholisch, Ordnungsstreben, Streben nach Gliederung und Systematik, Organisationsdrang, intellektuelle Verknüpfungsvielfalt,
γd	**Depressionsturbulenz,** verschrobene Ängste, Verfolgungsängste, Interessenverlust, Hoffnungslosigkeit und verschrobene Schuldgefühle, hypochondrische Reaktionen
δd	**Gehemmtheit des Depressiven,** Ernst, natürliche Vorsicht und Besonnenheit werden nicht entfaltet; eine erhebliche Unfähigkeit zum Abwägen, Flachheit, Verantwortungslosigkeit, Leichtsinn und lässige Tollkühnheit werden wirksam
βd	**Mißmut,** Verdrossenheit, Unlust, Übervorsicht, Pessimismus
αd	**Ernst,** Verhaltenheit, Abwägen, Besonnenheit, Tiefsinn,
γo	**Ordnungsturbulenz,** Kontroll- und Ordnungszwänge, verschrobene wirklichkeitswidrige Pedanterien
δo	**Ordnungsgehemmtheit,** die einer Ausbildung von Ordnungsbedürfnissen im Wege steht, so daß keinerlei Beziehungen zum Systematischen, zu Organisationen herausgebildet werden; Schlamperei und Chaotismus sind die Folge.
βo	**Schematismus,** Pedanterie, Listenzwang, Schematismus, Regelabhängigkeit, Normzwang
αo	**Ordnungsstreben,** Gliederungsstreben, Systematisierungsstreben, Organisationsdrang

de	**Denkelastizität,** Kombinationsgabe, praktisches Denken, Gedankenverknüpfung, Denkgewandtheit,
γfos	**Ordnungswahn,** verschrobene, realitätsfremde Ordnungs- und Systemformen, bürokratische Zwänge
δfos	**verdrängte Ordnungsinhalte,** chaotische Vorstellungen, desorganisierte und desorganisierende Inhalte, Ängste vor formalen Inhalten
βfos	**fundierte evtl. idealisierte Ordnungs- und Systeminhalte,** Gliederungs- und Formalisierungshintergrundinhalte
αfos	**vielerlei Ordnungskenntnisse und –erfahrungen,** vielerlei einzelne Formalinhalte
Bezeichnung	Fp- Fortschrittsperson
γFp	**atavistische Grenzform,** *Conceptual Disorganisation* Auffassungsstörungen, bei denen die Sprache weitschweifig, unzusammenhängend und ohne Bezug zu gestellten Fragen ist; die gleichen Wörter oder Sätze werden in stereotyper Weise wiederholt, neue Wörter (Neologismen) können erfunden und in die Sprache aufgenommen werden, hyperkinetische Störaktionen, Veränderungssucht, Nichtseßhaftigkeit,
δFp	**gehemmte Grenzform,** *Fremdheitsängste:* Angst etwas zu unternehmen, Zukunftsängste, ängstliche Lahmheit und Mattheit, Furcht vor eigenem Handeln, Angst vor Neuem, Fremdem, Fernem und Unbekanntem. Unternehmerischer Ausgriff, schwungvolle Expansion werden nicht ausgebildet;
βFp	**infantile Form,** *Überschwang* Heftigkeit, Hitzigkeit, Abenteurertum, Betriebsamkeit, Geschäftigkeit, Abwechslungssucht, Neuheitensucht,
αFp	**reife Form,** *Expansivität* Schwung, Unternehmungsgeist, cholerisch, eifrig, dynamisch, Bedürfnisse nach Neuem und Veränderungen, Zukunftsstreben, progressiv, zielsichere motorische Koordination,
γk	**Kaptationsturbulenz,** groteske, situationsunangemessene Impulsivität, hyperkinetische Störaktionen
δk	**Kaptative Gehemmtheit,** unternehmerischer Ausgriff, schwungvolle Expansion werden nicht ausgebildet; Symptome sind ängstliche Lahmheit, Mattheit, Furcht vor eigenem Tun.
βk	**Überschwenglichkeit,** Heftigkeit, Unruhe, Unstetheit, Geschäftigkeit
αk	**Schwung,** Expansionsdrang, Eifer, Unternehmungslust,

γf	**Progressionsturbulenz,** Abenteuersucht, Fortschrittswahn, Veränderungssucht, verschrobenes Fortschrittsbedürfnis, Nichtseßhaftigkeit
δf	**Progressionsgehemmtheit,** Bedürfnisse nach Entdecken, Veränderungen sind nicht ausgebildet; Angst vor dem Fernen, Fremden, Unbekannten, Fortschritt und vor der Zukunft beherrschen die Einstellung, allem Neuen wird ängstlich aus dem Wege gegangen
βf	**Wechselhaftigkeitstrieb,** Abwechslungsdrang, Abenteuersucht, Veränderlichkeitsdrang
αf	**Fortschrittsstreben,** Zukunftsorientierung, Neuheitensuche, Forschungsdrang,
fk	**Bewegungskoordination,** Geschmeidigkeit, Wendigkeit und Harmonie der körperlichen Bewegungsabläufe
γfot	**Progressionswahnphänomene,** utopistische Zukunftsinhalte, irreale zwanghafte Vorstellungen von Fremden und Fernem
δfot	**verdrängte Progressionsinhalte,** verdrängte Zukunftsinhalte, Fremdenphobien, verdrängte Fremdenvorstellungen
βfot	**fundierte evtl. utopische Progressionsinhalte,** Hintergrundsinhalte fremder, zukünftiger und ferner Art.
αfot	**Vielerlei einzelne Progressionsinhalte,** Einzelkenntnisse und –erfahrungen bezüglich zukünftiger Dinge, Phänomene und fremder und ferner Gegebenheiten
Bezeichnung	Tp- Traditionsperson
γTp	**atavistische Grenzform,** *Retardation* Verlangsamung von Sprache und Vorstellung, Verminderung der motorischen Aktivität bis zur Blockierung, Apathie und Desinteresse an der Zukunft kommen hinzu, Stuporerscheinungen, negativistische Haltungen, Katzenheimweh, Zukunftsphobien,
δTp	**gehemmte Grenzform,** *Traditions- und Vertrautheitsängste:* Wurzellosigkeit, Mangel an Standpunkt, haltloses Schwanken, Mangel an Bodenständigkeit, kann nicht nein sagen, Flucht vor Sicherem, Gewohntem und Vertrautem Es entwickelt sich keine Behauptung, Festigkeit und Eigenwillen sowie Beharrungsvermögen werden nicht entfaltet; ängstliche Standpunktschwäche sowie wurzel- und haltloses Schwanken sind die Folge,
βTp	**infantile Form,** *Fixiertheit* Verfertigung, Trotz, Abwehr, Unelastizität, Phlegma, Sturheit, Gewohnheitenverhaftung, Traditionsfixierung, Sicherheit um jeden Preis,

αTp	**reife Form,** *Bewahrung* Festigkeit, Selbstbehauptung, Traditionsgebundenheit, Traditions- und Besitzbedürfnisse, ökonomische Bedürfnisse, Phlegma, Gelassenheit, Beharrung, Beständigkeit, Bewußtheitsschärfe, fixierende Aufmerksamkeit.
γr	**Retentionsturbulenz,** akinetische Reaktionen, Stuporerscheinungen, negativistische Haltung
δr	**Retentive Gehemmtheit,** es entwickelt sich keine Behauptung, Festigkeit und Eigenwillen sowie Beharrungsvermögen werden nicht entfaltet; ängstliche Standpunktschwäche sowie wurzel- und haltloses Schwanken sind die Folge, Neinsagen wird unmöglich.
βr	**Verfestigung,** Trotz, Abwehr, Phlegma, Sturheit, Unelastizität, Monotonie, Gleichförmigkeit
αr	**Festigkeit,** retentiv, stetig, gleichmäßig, ausdauernd, beständig, beharrlich,
γn	**Lokale Turbulenz,** verschrobene Sicherheitsbedürfnisse, Zukunftsphobien, krankhaftes Katzenheimweh, krankhaftes Kleben am Vergangenen
δn	**Lokale Gehemmtheit,** Bedürfnisse nach Erhaltung und Bewahrung des Vorhandenen und Naheliegenden werden nicht ausgebildet; Traditionen, Gewohntes, Übliches werden abgelehnt, da sich Ängste vor dem Sicheren und Vertrauten herausgebildet haben.
βn	**Gewohnheitsmensch,** Absolutheitssuche, traditionsabhängig, vergangenheitsorientiert,
αn	**Sicherheitsstreben,** traditionell, konservativ, ökonomisch, Vertrautheitssuche,
wk	**Willenskonstanz,** Konzentration, fixierende Aufmerksamkeit, Bewußtheitsschärfe und –genauigkeit
γbog	**Lokale Wahnvorstellungen,** verschrobene Traditions- und Selbstverständlichkeiteninhalte, verschrobene Heimats- und Geborgenheitsvorstellungen und –zwänge
δbog	**verdrängte Selbstverständlichkeiten,** verdrängte Traditionsinhalte, Angst vor Gewohnheiten und Verdrängung derselben
βbog	**fundierte evtl. magische Sicherheitsinhalte,** Wissens- und Erfahrungshintergrund für wirtschaftliche, finanzielle, traditionelle und ähnliche Inhalte mehr oder weniger realer Art
αbog	**vielerlei einzelne Sicherheitsinhalte,** Einzelkenntnisse und –erfahrungen auf wirtschaftlichem, finanziellen, traditionellem etc. Gebiet.

Komponenten	***Wirkungsbereiche***
im Umgang mit sich selbst	
(z'+iz"): zyklothym - (s'+is"): schizothym	=Ay'+iAy": Allgemeintemperament
(z'+iz"): zyklothym + (s'+is"): schizothym	=2(Ays'+iAys"): Selbstbehauptungstendenzen

(e'+ie"): extraversiv - (j'+ij"): intraversiv	=Uy'+iUy": Lebenstemperament
(e'+ie"): extraversiv + (j'+ij"): intraversiv	=2(Uys'+Uys"): Umgangsweisen
(l'+il"): vitale - (g'+ig"): geistige Bedürfnisse	=Le'+iLe": allgemeine Lebenseinstellung
(l'+il"): vitale + (g'+ig"): geistige Bedürfnisse	=2(Les'+iLes"): Lebensauffassung
(w'+iw"): weltliche - (t'+it"): Wertungsbedürfnisse	=So'+iSo": Sinngehalte
(w'+iw"): weltliche +(t'+it"): Wertungsbedürfnisse	=2(Sos'+iSos'"): Einstellung zur Umwelt
Im Umgang mit der sozialen Welt	
(v'+iv"): versatil - (h'+ih"): conjunctiv	=By'+iBy": Bindungsstil
(v'+iv"): versatil + (h'+ih"): conjunctiv	=2(Bys'+iBys"): Gefühlsstruktur
(a'+ia"): aktiv - (p'+ip"): pathisch	=Gy'+iGy": soziale Beziehungsgestaltung
(a'+ia"): aktiv + (p'+ip"): pathisch	=2(Gys'+iGys"): soziale Handlungsformen
(u'+iu"): universale - (x'+ix"): Humanbedürfnisse	=Sg'+iSg": soziale Einstellung
(u'+iu"): universale + (x'+ix"): Humanbedürfnisse	=2(Sgs'+iSgs"): Lebensformen
(b'+ib"): gestaltende - (c'+ic"): caritative Bedürfnisse	=Ge'+iGe": soziale Wirkungstrends
(b'+ib"):gestaltende + (c'+ic"):caritative Bedürfnisse	=2(Gse'+iGse"): soziale Handlungsstruktur
Im Umgang mit den Dingen und Aufgaben	
(m'+im"): sanguinisch -(d'+id"): melancholisch	=Sy'+iSy'": Haltung
(m'+im"): sanguinisch +(d'+id"): melancholisch	=2(Sys'+iSys"): Reaktionsweisen
(k'+ik"): kaptativ - (r'+ir"): retentiv	=Ey'+iEy": Arbeitsstil
(k'+ik"): kaptativ + (r'+ir"): retentiv	=2(Eys'+iEys"): Arbeitshaltung
(q'+iq"): qualitative - (o'+io)": Ordnungsbedürfnisse	=Wa'+iWa": Wahrnehmungsweise
(q'+iq"):qualitative + (o'+io"):Ordnungsbedürfnisse	=2(Was'+iWas"): Weltbetrachtungsweise
(f'+if"):progressive-(n'+in"):bewahrende Bedürfnisse	=Or'+iOr": Handlungsausrichtung
(f'+if"):progressive+(n'+in"):bewahrende Bedürfnisse	=2(Ors'+iOrs"): Handlungsweisen
Speicherungsbereiche:	
$\alpha_{nul}*(0,05+\cos(10\delta_{nul}))+i\,\beta_{nul}*(0,5+\sin(10\,\gamma_{nul}))$	nul'+inul": lebenspraktische Inhalte
$\alpha_{gei}*(0,05+\cos(10\delta_{gei}))+i\,\beta_{gei}*(0,5+\sin(10\,\gamma_{gei}))$	gei'+igei": geistig-theoretische Inhalte
$\alpha_{pub}*(0,05+\cos(10\delta_{pub}))+i\,\beta_{pub}*(0,5+\sin(10\,\gamma_{pub}))$	pub'+ipub":weltlich-gesellschaftl. Inhalte
$\alpha_{wel}*(0,05+\cos(10\delta_{wel}))+i\,\beta_{wel}*(0,5+\sin(10\,\gamma_{wel}))$	wel'+iwel": weltanschauliche Inhalte
$\alpha_{kus}*(0,05+\cos(10\delta_{kus}))+i\,\beta_{kus}*(0,5+\sin(10\,\gamma_{kus}))$	kus'+ikus": kulturell-sprachliche Inhalte
$\alpha_{ige}*(0,05+\cos(10\delta_{ige}))+i\,\beta_{ige}*(0,5+\sin(10\,\gamma_{ige}))$	ige'+iige": human-psychische Inhalte
$\alpha_{maf}*(0,05+\cos(10\delta_{maf}))+i\,\beta_{maf}*(0,5+\sin(10\,\gamma_{maf}))$	maf'+imaf": Lenkungs-/Gestaltungsinhalte

$\alpha_{men} *(0,05+\cos(10\delta_{men}))+i\ \beta_{men} *(0,5+\sin(10\ \gamma_{men}))$	men'+imen'': soziale u. Serviceinhalte
$\alpha_{wek} *(0,05+\cos(10\delta_{wek}))+i\ \beta_{wek} *(0,5+\sin(10\ \gamma_{wek}))$	wek'+iwek'': ästhetische, Qualitätsinhalte
$\alpha_{fos} *(0,05+\cos(10\delta_{fos}))+i\ \beta_{fos} *(0,5+\sin(10\ \gamma_{fos}))$	fos'+ifos'': formal-systematische Inhalte
$\alpha_{fot} *(0,05+\cos(10\delta_{fot}))+i\ \beta_{fot} *(0,5+\sin(10\ \gamma_{fot}))$	fot'+ifot'': progressive, expansive Inhalte
$\alpha_{bog} *(0,05+\cos(10\delta_{bog}))+i\ \beta_{bog} *(0,5+\sin(10\ \gamma_{bog}))$	bog'+ibog'': bewahrende, Traditionsinhalte
(nul+gei+pub+wel+kus+ige+maf+men+wek+ fos+fot+bog)/12	Cy'+iCy'': Speichermaterial $\lvert Cy\rvert=(Cy'^2+Cy''^2)^{0,43}$
Elemente	$()^{0,3}$ dient nur der Einhaltung der Skala 1-9
$(\lvert nul\rvert *vl*(z'+iz''+l'+il'')=Pp'+iPp'')^{0,3}$	$(\lvert gei\rvert *dk*(s'+is''+g'+ig'')=Rp'+iRp'')^{0,3}$
$(\lvert pub\rvert *ff*(e'+ie''+w'+iw'')=Up'+iUp'')^{0,3}$	$(\lvert wel\rvert *we*(j'+ij''+t'+it'')=Üp'+iÜp'')^{0,3}$
$(\lvert kus\rvert *vp*(v'+iv''+u'+iu'')=Kp'+iKp'')^{0,3}$	$(\lvert ige\rvert *dp*(h'+ih''+x'+ix'')=Bp'+iBp'')^{0,3}$
$(\lvert maf\rvert *fh*(a'+ia''+b'+ib'')=Gp'+iGp'')^{0,3}$	$(\lvert men\rvert *wm*(p'+ip''+c'+ic'')=Sp'+iSp'')^{0,3}$
$(\lvert wek\rvert *vp*(m'+im''+q'+iq'')=Ep'+iEp'')^{0,3}$	$(\lvert fos\rvert *de*(d'+id''+o'+io'')=Op'+iOp'')^{0,3}$
$(\lvert fot\rvert *fk*(k'+ik''+f'+if'')=Fp'+iFp'')^{0,3}$	$(\lvert bog\rvert *wk*(r'+ir''+n'+in'')=Tp'+iTp'')^{0,3}$
Pp:Primitivperson - Rp: Ichperson	=Sbg'+iSbg'': Selbstbestimmung
(Pp:Primitivperson + Rp: Ichperson)/2	=Sbs'+iSbs'': Selbstbetrachtung
Up: Umweltperson - Üp: Überichperson	= Säg'+iSäg'': Selbstäußerung
(Up: Umweltperson + Üp: Überichperson)/2	= Säs'+iSäs'': Weltverhältnis
(Sbg+Säg)/2	= Eg'+iEg'': Egoerlebens- und -lebensstil
(Sbs+Säs)/2	= Egs'+iEgs'': Egoeinstellung
Kp: Kulturperson - Bp: Beziehungsperson	= Geg'+iGeg'': Gemeinschaftsstil
(Kp: Kulturperson + Bp: Beziehungsperson)/2	= Ges'+iGes'': Gemeinschaftseinstellung
Gp: Gestaltungsperson - Sp: Sozialperson	= Gbg'+iGbg'': Gemeinschaftsbewältigungsstil
(Gp: Gestaltungsperson + Sp: Sozialperson)/2	= Gbs'+iGbs'': Gemeinschaftsbewältigungsein-stellung
(Geg+Gbg)/2	= Mn'+iMn'': sozialer Begegnungsstil
(Ges + Gbs)/2	= Mns'+iMns'': soziale Begegnungshaltung
Ep: Einstellungsperson - Op: Ordnungsperson	= Weg'+iWeg'': Welterfassungsstil
(Ep: Einstellungsperson + Op: Ordnungsperson)/2	= Wes'+iWes'': Welteinstellung
Fp: Fortschrittsperson - Tp: Traditionsperson	= Wbg'+iWbg'': Weltbewältigungsstil
(Fp: Fortschrittsperson + Tp: Traditionsperson)/2	= Wbs'+iWbs'': Handlungseinstellung
(Weg+Wbg)/2	= Wt'+iWt'': Weltbegegnungsstil

(Wes+Wbs)/2	=Wts'+iWts'': Weltbegegnungshaltung
(Summe der pragmatischen Komponenten)/12	= Dy'+iDy'': mittlere dynamische Struktur
(Dy'/Dy'')	= Dyg: dynamische Stabilität
(Summe der semantischen Komponenten)/12	= M'+iM'': mittlere Bedürfnisstruktur
(M'/M'')	= Myg: Bedürfnisstabilität
(Summe der sigmatischen Komponenten)/12	=Cy'+iCy'': mittlere Speicherstruktur
(Eg+Mn+Wt)/3	= IN'+iIN'': Gesamterscheinungsbild
(Summe der Elementenwerte)/12	= In'+iIn'': Grundstruktur
(In'/In'')	: Ing: Gesamtstabilität und -reife
Vy. Vorstellpotential	
vl: lineare Vorstellfähigkeit	
vp: planare Vorstellfähigkeit	$Vy=100*e^{(vl*vp*vk/729)-1}$ pkt
vk: kubische Vorstellfähigkeit	
Iy. Denkpotential	
dk: Denkkanaltrennung	
dp: Denkplastizität	$Iy=100*e^{(dk*dp*de/729)-1}$ pkt
de: Denkelastizität	
Fy. Fertigungspotential	
ff: Feingeschick	
fh: Handgeschick	$Fy=100*e^{(ff*fh*fk/729)-1}$ pkt
fk. Bewegungskoordination	
Wy. Bewußtheitspotential	
we: Willensenergie	
wm: Willensmobilität	$Wy=100*e^{(we*wm*wk/729)-1}$ pkt
wk: Willenskonstanz	
Ty. Gesamtbegabungspotential	$Ty = (Vy*Iy*Fy*Wy)^{0,25}$

Hier zeigen sich nicht nur die Folgen interner Komponenten- und Elementenverknüpfungen, sondern auch die unterschiedlicher Zustände in den Elementen und Komponenten, seien es nun Turbulenzen, Rotationen, Infantilismen oder auch reife und erwachsene Formen. Und damit wird zugleich deutlich, daß im Zuge der Entwicklung möglichst vielseitiger Begabungsanwendungen immer wieder nach individuell geeigneten Aufhängern gesucht werden muß, um die vorhandenen syntaktischen Persönlichkeitskomponenten auf breiter Front zu aktivieren.

Praxis der Begabungsanalyse

Grundsätzliche Überlegungen

Bei allem Bemühen, die syntaktischen Persönlichkeitskomponenten eines Menschen zu bestimmen, muß man sich grundsätzlich darüber klar sein, daß das Anlagepotential psychodiagnostisch nicht zu erfassen ist. Nur jener Anteil, der davon ausgeprägt und entwickelt wurde, läßt sich auf überhaupt bestimmen. Und ob es eine Möglichkeit gibt, die angelegten Begabungskomponenten genanalytisch zu erfassen und zu bestimmen, läßt sich bis heute nicht entscheiden. Wenn wir also psychodiagnostisch von Begabungsanalyse sprechen, meinen wir stets die Ermittlung aktualisierter Begabungsfaktoren. Auch sie lasen sich naturgemäß nur an erbrachten Leistungen ablesen. Insofern sind also spezifische Arbeitsproben und -aufgaben eine der wichtigsten Quellen der Analyse.

Allerdings müssen diese so beschaffen sein, daß möglichst wenig Angelerntes, möglichst wenige Fertigkeiten und Methoden zur Erstellung des Ergebnisses nötig sind. Und das ist besonders wesentlich, wenn man derartige Analysen bei Menschen vornehmen will, die aus verschiedenen Kulturen bzw. Subkulturen stammen. Es ist nämlich zu bedenken, daß auch Begabungen in verschiedenen Kulturen nicht nur an sich unterschiedlich gewichtet werden können, sondern vor allem ihre Anwendungsmöglichkeiten unterschiedlich sind. So kann z.B. die eine oder andere Aufgabe in der einen oder anderen Kultur Tabus streifen und damit ein Versagen eines zugehörigen Menschen auslösen, und das nicht aus mangelnder Begabung. Auch spielen Selbstverständlichen des jeweiligen soziokulturellen Milieus eine nicht zu unterschätzende Rolle.

Auch sollte man bei der Aufgabengestaltung Wert darauf legen, daß möglichst wenig „inhaltliche" Bezüge zur Lösung erforderlich werden. Welche Inhalte (Wissen und Erfahrungen) ein Mensch besitzt, hängt weitgehend von der Umwelt ab, in der seine Entwicklung stattgefunden hat. Hier spielen nicht nur unterschiedliche Kulturen, sondern auch Schulen und Schulsysteme, landsmannschaftliche Besonderheiten, ja die Spezifitäten der eigenen Sippe und Familie eine wesentliche Rolle. Das heißt aber auch, daß man im allgemeinen die erforderlichen Werte nur mit Hilfe einer umfangreichen Verhaltensanalyse gewinnen wird, die aber sehr zeitaufwendig ist.

Als eine Art Stichprobe dazu kann ein geschlossener Aufgabenblock dienen, der allerdings weniger genau und treffsicher, dafür dann aber weniger zeitaufwendig sein wird. Gerade das bringt aber auch einen erhöhten Zeitdruck mit sich, der wiederum wohl etwas über die Anwendungsleistung, nicht aber über das Begabungsniveau aussagt. Das heißt aber auch, daß der klassische Intelligenztest eigentlich kein Begabungstest ist.

Er läßt sich partiell ergänzen durch eine funktionale graphische Gestaltungsanalyse, etwa der Handschrift oder des Wartegg-Zeichentestes bzw. ähnlicher Aufgaben.

Begabungsinventar

Eine Form der Verhaltensanalyse ist die Selbstanalyse, etwa in Form eines Fragebogens oder als Interview. Bleiben wir nun zunächst bei der Fragebogenmethode, die bekanntlich wenig aufwendig ist und zudem weitgehend der Forderung nach Objectivity genügt, wenn auch sprachliche Formulierungen Probleme aufwerfen können. Dazu ein Beispiel:

FUNKTIONAL-INVENTAR (DKi)

Anweisung: Bitte beantworten Sie jede Frage sorgfältig und gewissenhaft nach folgender Skala:

1- nein, nicht, minimal, eher im Gegenteil,
2 - wenig, kaum, selten
3 - zeitweise, manchmal, mittel, (weiß nicht),
4 - häufig, markant, deutlich
5 - besonders ausgeprägt, sehr stark, immer, überaus,
indem Sie den für Sie zutreffenden Wert in Spalte A durchstreichen (/) .
Zwischenwerte (1,5; 2,5; usw.) sind erlaubt.

Name:

Nr.	A	Fragen
01a	1 2 3 4 5	Eine Strecke ohne Hilfsmittel in 3 gleiche Teile zu teilen, gelingt mir haargenau.
02a	1 2 3 4 5	Bei geistigen Aufgaben erkenne ich schnell, worauf es ankommt
03a	1 2 3 4 5	Ich habe sehr geschickte Finger.
04a	1 2 3 4 5	Im Beruf wie im Privatleben entscheide ich bestimmt und energisch
05a	1 2 3 4 5	Puzzles kann ich schnell und sicher lösen.
06a	1 2 3 4 5	Ich lerne ständig dazu.
07a	1 2 3 4 5	In der Arbeit mit den Händen bin ich geschickt.
08a	1 2 3 4 5	Auf Anregungen von außen spreche ich voll an.
09a	1 2 3 4 5	Ich habe ausgeprägtes Können in Raumlehre (Stereometrie).
10a	1 2 3 4 5	Ich kann geistig - gedanklich - geschickt kombinieren.
11a	1 2 3 4 5	Ich habe ein ausgeprägtes Balancegefühl.
12a	1 2 3 4 5	Bei der Arbeit kann ich mich konzentrieren
01b	1 2 3 4 5	Ich habe ein gutes Augenmaß, um Längen und Abstände richtig einzuschätzen.
02b	1 2 3 4 5	Ich kann geistig immer Wesentliches von Unwesentlichem unterscheiden.
03b	1 2 3 4 5	Bei feinen Handarbeiten bin ich geschickt.
04b	1 2 3 4 5	Ich schließe im Leben und im Beruf keinerlei Kompromisse.
05b	1 2 3 4 5	Formenunterschiede kann ich exakt unterscheiden.
06b	1 2 3 4 5	Neues kann ich leicht erlernen.
07b	1 2 3 4 5	Ich bin handwerklich begabt.
08b	1 2 3 4 5	Ich kann mehrere Vorgänge (Gespräche usw.) zugleich verfolgen.
09b	1 2 3 4 5	Technische Zeichnungen kann ich gut lesen und mir die Geräte vorstellen.
10b	1 2 3 4 5	Anfallende Aufgaben betrachte ich von verschiedenen Seiten zugleich.
11b	1 2 3 4 5	Ich bin im allgemeinen körperlich beweglich.
12b	1 2 3 4 5	Bei der Arbeit lasse ich mich nicht ablenken.
01c	1 2 3 4 5	Auch ohne genauen Plan fertige ich Handarbeiten sicher an.
02c	1 2 3 4 5	Schwierige und komplizierte Aufgabenstellungen verstehe ich stets sofort.
03c	1 2 3 4 5	Feinmechanische Arbeiten kann ich geschickt erledigen.

04c	1 2 3 4 5	Gegenüber anderen setze ich mich energisch durch.
05c	1 2 3 4 5	Einmal gesehene Formen - auch Gesichter - vergesse ich nicht.
06c	1 2 3 4 5	Neue Informationen und Eindrücke verwerte ich umgehend.
07c	1 2 3 4 5	Ich bin geschickt als Bastler .
08c	1 2 3 4 5	Ich bin flexibel, wenn sich die Umstände ändern.
09c	1 2 3 4 5	Flächenhafte Bilder (Fotos usw.) sehe ich plastisch und räumlich.
10c	1 2 3 4 5	Ich bin geistig vielseitig und denkgewandt.
11c	1 2 3 4 5	Ich bin mit beiden Händen zugleich geschickt.
12c	1 2 3 4 5	Auch wenn andere reden, kann ich dabei geistig arbeiten.
01d	1 2 3 4 5	Ich kann, ohne zu probieren, erkennen, ob Gegenstände zusammenpassen
02d	1 2 3 4 5	Ich kann gut begrifflich, abstrakt und unanschaulich denken
03d	1 2 3 4 5	In der Handhabung kleinster Dinge bin ich sehr geschickt
04d	1 2 3 4 5	Meine Entscheidungen bleiben unabhängig von anderen Menschen und deren Meinung
05d	1 2 3 4 5	Bekannte Menschen erkenne ich schon aus der Ferne an ihrer Gestalt (Figur)
06d	1 2 3 4 5	Auch bisherigen Erfahrungen widersprechendes Neues lerne ich schnell
07d	1 2 3 4 5	Ich kann geschickt mit einfachen Werkzeugen umgehen
08d	1 2 3 4 5	Ständige Umstellungen bei der Arbeit stören mich nicht
09d	1 2 3 4 5	Zerbrochenes kann ich richtig zusammenfügen, ohne erst probieren zu müssen
10d	1 2 3 4 5	Verschiedene Inhalte kann ich gedanklich schnell miteinander verbinden
11d	1 2 3 4 5	Ich reiße nie mit einer Hand wieder ein, was ich mit der anderen aufgebaut habe
12d	1 2 3 4 5	Auch bei Lärm und Krach kann ich geistig arbeiten
01e	1 2 3 4 5	Ich kann Entfernungen exakt schätzen
02e	1 2 3 4 5	Hochgeistigen Gedankengängen kann ich leicht folgen
03e	1 2 3 4 5	Ich kann geschickt mit Nadel und Faden umgehen
04e	1 2 3 4 5	Ich lebe sehr bewußt, bin mir meiner Handlungen und ihrer Motive stets bewußt
05e	1 2 3 4 5	Ich kann zerrissene Papierblätter leicht richtig zusammenfügen
06e	1 2 3 4 5	Mir fallen bei geistigen Aufgaben stets weit vom Thema liegende Inhalte ein
07e	1 2 3 4 5	Ich verfüge über viel Handgeschick

08e	1 2 3 4 5	Rand- und Nebeneindrücke erfasse ich vollständig
09e	1 2 3 4 5	Nur einmal gesehene Räume kann ich mir später gut vorstellen.
10e	1 2 3 4 5	Geistige Aufgaben löse ich oft in unüblicher Weise erfolgreich
11e	1 2 3 4 5	Meine Körperbewegungen sind harmonisch.
12e	1 2 3 4 5	Ich kann mich stunden- oder gar tagelang mit einer Sache beschäftigen.
01f	1 2 3 4 5	Ich kann eine Torte ohne Hilfsmittel exakt in 5 gleiche Teile teilen.
02f	1 2 3 4 5	Ich verstehe auch komplizierte philosophische Texte.
03f	1 2 3 4 5	Ich verfüge über Fingerfertigkeit.
04f	1 2 3 4 5	Ich kann mich in allen Lebenslagen eindeutig entscheiden.
05f	1 2 3 4 5	Ich kann komplizierte Flächenfiguren jederzeit aus Dreiecken zusammensetzen
06f	1 2 3 4 5	Bei dem, was ich lerne, bilden sich schnell Verbindungen zu Bekanntem
07f	1 2 3 4 5	Meine Hände sind beweglich.
08f	1 2 3 4 5	Ich kann an mehreren Gesprächen zugleich teilnehmen.
09f	1 2 3 4 5	Ich kann anhand eines Luftbildes Höhenunterschiede in der Landschaft erkennen.
10f	1 2 3 4 5	Ich kann meine mathematischen Kenntnisse mit realen Vorgängen verknüpfen
11f	1 2 3 4 5	Ich bin körperlich gut trainiert.
12f	1 2 3 4 5	Ich kann mich so konzentrieren, daß ich nichts mehr höre.
01g	1 2 3 4 5	Ich kann mit bloßem Auge genau feststellen, ob 2 Geraden wirklich parallel sind.
02g	1 2 3 4 5	Zu zwei oder mehr Begriffen finde ich stets den zugehörigen Oberbegriff
03g	1 2 3 4 5	Feine Arbeiten an winzigen Bauteilen führe ich geschickt aus.
04g	1 2 3 4 5	Mein Urteil zu den jeweiligen Situationen ist bestimmt und eindeutig.
05g	1 2 3 4 5	In Suchbildern finde ich die Fehler schnell.
06g	1 2 3 4 5	Es fällt mir leicht umzulernen.
07g	1 2 3 4 5	Im Modellbau bin ich geschickt.
08g	1 2 3 4 5	Ich benötige wenig Zeit, um mich auf Arbeitsveränderungen einzustellen.
09g	1 2 3 4 5	Nach einmaligem Sehen kann ich eine Zimmereinrichtung genau beschreiben.
10g	1 2 3 4 5	Zu Wörtern und Begriffen finde ich schnell verwandte Bezeichnungen.
11g	1 2 3 4 5	Meine Körperbewegungen sind geschmeidig.

12g	1 2 3 4 5	Meine Arbeiten führe ich besonders sorgfältig und genau aus.
01h	1 2 3 4 5	Ich sehe sofort, wenn ein Bild schief hängt.
02h	1 2 3 4 5	Bei Denkaufgaben erkenne ich schnell die Inhalte, die nicht dazugehören.
03h	1 2 3 4 5	Schreibmaschinen- und entsprechende Tastaturen kann ich sicher bedienen.
04h	1 2 3 4 5	Ich kann mich sicher für eine von mehreren Möglichkeiten entscheiden.
05h	1 2 3 4 5	Auch nur kurz gesehene Möbelformen im Raum kann ich genau beschreiben
06h	1 2 3 4 5	Bei geistigen Aufgaben finde ich oft mir bekannte Inhalte, die zur Lösung führen
07h	1 2 3 4 5	In der Hausarbeit (Putzen, Aufräumen usw.) bin ich geschickt.
08h	1 2 3 4 5	Auf Veränderungen reagiere und spreche ich leicht an.
09h	1 2 3 4 5	In mir bekannten Räumen bewege ich mich auch im Dunkeln, ohne anzustoßen
10h	1 2 3 4 5	Auch unbekannte, mir nicht vertraute Probleme kann ich recht schnell lösen.
11h	1 2 3 4 5	Meine Bewegungen sind rund und locker.
12h	1 2 3 4 5	Trotz Unruhe in meiner Umgebung führe ich meine Arbeiten exakt aus
01i	1 2 3 4 5	Ich sehe mit bloßem Auge, wenn eine Wand nicht exakt senkrecht steht
02i	1 2 3 4 5	Auch bei unbekannten Sachverhalten erkenne ich stets das Wesentliche
03i	1 2 3 4 5	Ich kann Fäden ohne Schwierigkeiten in feine Nadelöhre einfädeln
04i	1 2 3 4 5	Ich bin mir bei Entscheidungen stets der Umstände klar bewußt
05i	1 2 3 4 5	Formenunterschiede kann ich sicher behalten.
06i	1 2 3 4 5	Ich habe viel Phantasie
07i	1 2 3 4 5	Ich bin geschickt als Heimwerker.
08i	1 2 3 4 5	Ich bin umstellungsfähig und wendig.
09i	1 2 3 4 5	Bauzeichnungen kann ich gut lesen und mir die dargestellten Räume vorstellen.
10i	1 2 3 4 5	Ich denke im allgemeinen sehr logisch
11i	1 2 3 4 5	Ich bin im allgemeinen körperlich geschickt.
12i	1 2 3 4 5	Ich bin ein sehr aufmerksamer Zuhörer
01j	1 2 3 4 5	Ich kann ohne Hilfsmittel feststellen, ob ein Fußboden exakt horizontal ist
02j	1 2 3 4 5	Auch bei mir unbekannten Inhalten verstehe ich schnell, worum es geht
03j	1 2 3 4 5	Auch mit kleinen Fadenenden kann ich geschickt Knoten knüpfen

04j	1 2 3 4 5	Ich bin mir stets klar darüber, was ich will.
05j	1 2 3 4 5	Fehler in Mustern finde ich sofort
06j	1 2 3 4 5	Mir fällt immer wieder etwas Neues ein
07j	1 2 3 4 5	Ich verfüge über ausgesprochenes Handgeschick
08j	1 2 3 4 5	Ich überschaue immer mehrere Dinge zur gleichen Zeit
09j	1 2 3 4 5	Ich kann anhand eines Fotos die räumlichen Verhältnisse der Landschaft sehen
10j	1 2 3 4 5	Ich denke stets sehr folgerichtig
11j	1 2 3 4 5	Meine Körperbewegungen sind flüssig.
12j	1 2 3 4 5	Ich konzentrierte mich stets straff auf das Wesentliche
01k	1 2 3 4 5	Ich kann ohne Hilfsmittel feststellen, ob zwei Graden senkrecht zueinander stehen
02k	1 2 3 4 5	Ich kann formalen (z.B. mathematischen) Darstellungen gut folgen
03k	1 2 3 4 5	Ich kann leicht kleinste Schrauben mit den Fingern eindrehen
04k	1 2 3 4 5	Ich lehne kooperative, mehrheitsbestimmte Entscheidungen ab
05k	1 2 3 4 5	Ob Flächen verschiedener Formen gleich groß sind, finde ich sofort heraus
06k	1 2 3 4 5	Ich bin erfindungsreich
07k	1 2 3 4 5	Ich bin geschickt im Umgang mit Werkzeugmaschinen
08k	1 2 3 4 5	Ich beschäftige mich immer mit mehreren Dingen zur gleichen Zeit
09k	1 2 3 4 5	Auch die üblichen Fernsehbilder sehe ich räumlich, dreidimensional
10k	1 2 3 4 5	Ich bin geistig sehr vielseitig
11k	1 2 3 4 5	Meine Bewegungen sind schwingend und fließend
12k	1 2 3 4 5	Ich trachte danach, den jeweiligen Gegenstand möglichst genau zu betrachten
01l	1 2 3 4 5	Ich erkenne bei einem Achsenkreuz mit bloßem Auge jede Abweichung vom rechten Winkel
02l	1 2 3 4 5	Ich bin fähig, Zahlenreihen schnell zu analysieren, um sie richtig fortzusetzen
03l	1 2 3 4 5	Ich kann gut Streichhölzer und ähnlichen Dinge sortieren
04l	1 2 3 4 5	Ich fälle sehr eindeutige, unumstößliche Entscheidungen
05l	1 2 3 4 5	Ähnlichkeiten zwischen verschiedenen Formen fallen mir sofort auf
06l	1 2 3 4 5	Neue Informationen verknüpfe ich schnell mit Bekanntem
07l	1 2 3 4 5	Meine Handarbeiten finden überall Anerkennung

08l	1 2 3 4 5	Ich reagiere besonders schnell auf äußere Eindrücke
09l	1 2 3 4 5	Auch bei einäugigem Sehen erlebe ich meine Umwelt dreidimensional
10l	1 2 3 4 5	Ich kann mich geistig nie auf nur eine Sicht der Probleme beschränken
11l	1 2 3 4 5	Meine Bewegungen sind straff und elastisch
12l	1 2 3 4 5	Ich lasse meine Gedanken nie abschweifen, bleibe strikt beim Thema
01m	1 2 3 4 5	Ich erkenne unterschiedliche Abstände von Bildern sofort
02m	1 2 3 4 5	Fehler in Gedankenfolgen finde ich schnell heraus
03m	1 2 3 4 5	Feine Lötarbeiten (z.B. Elektronik) führe ich geschickt und sicher aus
04m	1 2 3 4 5	Uneindeutigkeiten jeder Art lehne ich ab
05m	1 2 3 4 5	Formen kann ich schnell und sicher aus ihren Teilen zusammensetzen
06m	1 2 3 4 5	Ich habe täglich neue Ideen
07m	1 2 3 4 5	Meine handwerklichen Erzeugnisse sind erstklassig
08m	1 2 3 4 5	Ich reagiere sehr schnell auf innere Einflüsse und Regungen
09m	1 2 3 4 5	Die Bilder der großen klassischen Maler sehe ich räumlich
10m	1 2 3 4 5	Ich kann meine Gedanken sprachlich genau und präzise darstellen
11m	1 2 3 4 5	Meine Bewegungen sind schwingend und locker
12m	1 2 3 4 5	Ich bin immer voll und ganz bei der Sache
01n	1 2 3 4 5	Ich sehe sofort, ob ein Gegenstand in eine vorhandene Lücke paßt
02n	1 2 3 4 5	Zerlegte Geräte u. technische Einrichtungen baue ich meistens schnell zusammen
03n	1 2 3 4 5	Ich hantiere mit feinen Schraubendrehern, ohne zu zittern
04n	1 2 3 4 5	Ich lehne jede Art von Unbestimmtheit und Verschwommenheit ab
05n	1 2 3 4 5	Auch feine Formenabweichungen erkenne ich sofort
06n	1 2 3 4 5	Ich verfüge über ein umfangreiches Wissen
07n	1 2 3 4 5	Ich bin geschickt im Reparieren von Geräten
08n	1 2 3 4 5	Ich bin sehr anpassungsfähig
09n	1 2 3 4 5	Wenn ich mich an einen Weg erinnere, sehe ich ihn räumlich vor mir
10n	1 2 3 4 5	Ich kann meine Gedanken formal exakt darstellen
11n	1 2 3 4 5	Meine Bewegungen sind rund und unverkrampft

12n	1 2 3 4 5	Ich beachte stets jede Kleinigkeit
01o	1 2 3 4 5	Ich erkenne, ohne zu probieren, ob eine Mutter auf eine Schraube (Bolzen) paßt
02o	1 2 3 4 5	Ich verfüge über hohe Kritikfähigkeit
03o	1 2 3 4 5	Ich tippe fehlerlos, mache keine Tippfehler
04o	1 2 3 4 5	Ich liebe bestimmte Entscheidungen ohne Wenn und Aber
05o	1 2 3 4 5	Unterschiedliche Größen gleicher Formen erkenne ich sofort
06o	1 2 3 4 5	Auch außerhalb meines Berufsgebietes habe ich vielerlei Kenntnisse
07o	1 2 3 4 5	Ich bin geschickt in Schlosser- und Tischlerarbeiten
08o	1 2 3 4 5	Ich spreche wie ein Seismograph auf Änderungen in der Umwelt an
09o	1 2 3 4 5	Meine Urlaubserinnerungen sind räumlich, also dreidimensional
10o	1 2 3 4 5	Geistig verknüpfe ich vieles in ungewohnter Weise
11o	1 2 3 4 5	Mein Gang ist elastisch und locker
12o	1 2 3 4 5	Wenn ich an einer Sache arbeite, höre und sehe ich nichts anderes mehr
01p	1 2 3 4 5	Ich erkenne, ohne zu probieren, ob ein Ring auf einen bestimmten Finger paßt
02p	1 2 3 4 5	Von mir vorgenommene Einteilungen (Dispositionen) bewähren sich stets
03p	1 2 3 4 5	Meine Finger sind sehr beweglich
04p	1 2 3 4 5	Ich liebe klare und eindeutige Entscheidungen
05p	1 2 3 4 5	Ich kann unterschiedliche Formen sicher aus dem Gedächtnis aufzeichnen
06p	1 2 3 4 5	Ich versuche, mich täglich weiterzubilden
07p	1 2 3 4 5	Ich bin geschickt bei häuslichen Reparaturarbeiten
08p	1 2 3 4 5	Ich kann mich nicht auf ein Thema zur Zeit beschränken
09p	1 2 3 4 5	Das Bild eines bunten Balls erscheint mir nicht als farbiger Kreis
10p	1 2 3 4 5	Auch scheinbar Unvereinbares pflege ich gedanklich zu verknüpfen
11p	1 2 3 4 5	Meine Arm- und Körperhaltung sind locker und geschmeidig
12p	1 2 3 4 5	Wenn ich mich auf eine Sendung konzentriere, achte ich auf nichts sonst

Die Auswertung der Ergebnisse erfolgt mit Hilfe des Auswertungsprogrammes DAE[41], das so gestaltet ist, daß auch mehrere Verfahren der Gruppe DK zusammen ausgewertet werden können. Als Ergebnis erhält man dabei in Zelle A 128 bis M 156 in der 9er Skala und als FW-Wert folgende Angaben:

vl:	vp:	vk:	Vy:
dk:	dp:	de:	Iy:
ff:	fh:	fk:	Fy:
we:	wm:	wk:	Wy:
			Ty:

sowie eine Vergleichstabelle der verschiedenen Bewertungsformen.

Dieses DKi läßt sich auch als Interview-Schema verwenden.

Funktional-Interview

Nicht immer läßt sich ein Fragebogen einsetzen, nicht immer ist ein Interview zweckmäßig. Und das besonders dann nicht, wenn es dem betreffenden Menschen an differenziertem Sprachverständnis fehlt. In einem solchen Falle bleibt nur ein systematisches und gezieltes Beobachten übrig, bei dem dann allerdings Zweifel an der Erfüllung der Objectivity-Forderung nicht unangebracht sind. Als Hilfsmittel zur Systematik, Vollständigkeit und Zielsicherheit kann man auf das folgende Verhaltensprotokoll zurückgreifen:

FUNKTIONAL- Verhaltensanalyse (DKv)

Anweisung: Bitte beobachten Sie das Probandenverhalten zu jeder Frage sorgfältig und gewissenhaft und bewerten es nach folgender Skala:
1- nein, nicht, minimal, eher im Gegenteil,
2 - wenig, kaum, selten
3 - zeitweise, manchmal, mittel, (weiß nicht),
4 - häufig, markant, deutlich

[41] findet der Leser in Waszkewitz: Kleine Persönlichkeitskunde, Stuttgart 2003 und in Waszkewitz: Trends und Updates MMV zu psychischen, sozialen, organisatorischen und personellen Systemen, Stuttgart 2005

5 - besonders ausgeprägt, sehr stark, immer, überaus,
indem Sie den für den Probanden zutreffenden Wert in Spalte A durchstreichen (/).
Zwischenwerte (1,5; 2,5; usw.) sind erlaubt.

Name:

Nr.	A	Fragen
01a	1 2 3 4 5	Eine Strecke (Gerade) kann er ohne Hilfsmittel in 3 genau gleiche Teile teilen
02a	1 2 3 4 5	Bei geistigen Aufgaben erkennt er schnell, worauf es ankommt
03a	1 2 3 4 5	Er hat sehr geschickte und bewegliche Finger.
04a	1 2 3 4 5	Im Beruf wie im Privatleben entscheidet er bestimmt und energisch
05a	1 2 3 4 5	Puzzles kann er schnell und sicher lösen.
06a	1 2 3 4 5	Er lernt ständig dazu und immer wieder Neues.
07a	1 2 3 4 5	In der Arbeit mit den Händen ist er geschickt.
08a	1 2 3 4 5	Auf Anregungen von außen spricht er voll und schnell an.
09a	1 2 3 4 5	Er verfügt über ausgeprägtes Können in Raumlehre (Stereometrie).
10a	1 2 3 4 5	Er kann geistig - gedanklich - geschickt kombinieren.
11a	1 2 3 4 5	Er besitzt ein ausgeprägtes Balancegefühl.
12a	1 2 3 4 5	Bei der Arbeit kann er sich konzentrieren
01b	1 2 3 4 5	Ich besitzt ein gutes Augenmaß, um Längen und Abstände richtig einzuschätzen.
02b	1 2 3 4 5	Er kann geistig immer Wesentliches von Unwesentlichem unterscheiden.
03b	1 2 3 4 5	Bei feinen Handarbeiten ist er geschickt.
04b	1 2 3 4 5	Im Leben und im Beruf schließt er keinerlei Kompromisse.
05b	1 2 3 4 5	Formenunterschiede kann er exakt unterscheiden.
06b	1 2 3 4 5	Neues erlernt er leicht und sicher.
07b	1 2 3 4 5	Er ist handwerklich begabt.
08b	1 2 3 4 5	Er kann mehrere Vorgänge (Gespräche usw.) zugleich verfolgen.
09b	1 2 3 4 5	Technische Zeichnungen kann er gut lesen und sich die Geräte vorstellen.
10b	1 2 3 4 5	Anfallende Aufgaben betrachtet er von verschiedenen Seiten zugleich.
11b	1 2 3 4 5	Körperlich erscheint er beweglich.
12b	1 2 3 4 5	Bei der Arbeit läßt er sich nicht ablenken.

01c	1 2 3 4 5	Hand- und Bastelarbeiten fertigt er auch ohne genauen Plan sicher an.
02c	1 2 3 4 5	Schwierige und komplizierte Aufgabenstellungen versteht er stets sofort.
03c	1 2 3 4 5	Feinmechanische Arbeiten kann er geschickt erledigen.
04c	1 2 3 4 5	Gegenüber anderen setzt er sich energisch durch.
05c	1 2 3 4 5	Einmal gesehene Formen - auch Gesichter - vergißt er nicht.
06c	1 2 3 4 5	Neue Informationen und Eindrücke verwertet er umgehend.
07c	1 2 3 4 5	Er ist ein geschickter Bastler .
08c	1 2 3 4 5	Er ist flexibel, wenn sich die Umstände ändern.
09c	1 2 3 4 5	Flächenhafte Bilder (Fotos usw.) sieht er plastisch und räumlich.
10c	1 2 3 4 5	Er ist geistig vielseitig und denkgewandt.
11c	1 2 3 4 5	Er ist mit beiden Händen zugleich geschickt, nicht einseitig Links- oder Rechtshänder.
12c	1 2 3 4 5	Auch wenn andere reden, kann er dabei geistig arbeiten.
01d	1 2 3 4 5	Er kann, ohne zu probieren, erkennen, ob Gegenstände zusammenpassen
02d	1 2 3 4 5	Er kann gut begrifflich, abstrakt und unanschaulich denken
03d	1 2 3 4 5	In der Handhabung kleinster Dinge ist er geschickt
04d	1 2 3 4 5	Seine Entscheidungen bleiben unabhängig von anderen Menschen und deren Meinung
05d	1 2 3 4 5	Bekannte Menschen erkennt er schon aus der Ferne an ihrer Gestalt (Figur)
06d	1 2 3 4 5	Auch bisherigen Erfahrungen widersprechendes Neues lernt er schnell
07d	1 2 3 4 5	Er kann geschickt mit einfachen Werkzeugen umgehen
08d	1 2 3 4 5	Ständige Umstellungen bei der Arbeit stören ihn nicht
09d	1 2 3 4 5	Zerbrochenes kann er richtig zusammenfügen, ohne erst probieren zu müssen
10d	1 2 3 4 5	Verschiedene Inhalte kann er gedanklich schnell miteinander verbinden
11d	1 2 3 4 5	Er reißt nie mit einer Hand wieder ein, was er mit der anderen aufgebaut hat
12d	1 2 3 4 5	Auch bei Lärm und Krach kann er geistig arbeiten
01e	1 2 3 4 5	Er kann Entfernungen exakt schätzen
02e	1 2 3 4 5	Hochgeistigen Gedankengängen kann er leicht folgen
03e	1 2 3 4 5	Er kann geschickt mit Nadel und Faden umgehen
04e	1 2 3 4 5	Er lebt sehr bewußt, ist sich seiner Handlungen und ihrer Motive stets bewußt

05e	1 2 3 4 5	Er kann zerrissene Papierblätter leicht richtig zusammenfügen
06e	1 2 3 4 5	Ihm fallen bei geistigen Aufgaben stets weit vom Thema liegende Inhalte ein
07e	1 2 3 4 5	Er verfügt über viel Handgeschick
08e	1 2 3 4 5	Rand- und Nebeneindrücke erfaßt er vollständig.
09e	1 2 3 4 5	Nur einmal gesehene Räume kann er sich später gut vorstellen.
10e	1 2 3 4 5	Geistige Aufgaben löst er oft in unüblicher Weise erfolgreich
11e	1 2 3 4 5	Seine Körperbewegungen sind harmonisch.
12e	1 2 3 4 5	Er kann sich stunden- oder gar tagelang mit einer Sache beschäftigen.
01f	1 2 3 4 5	Er kann eine Torte ohne Hilfsmittel exakt in 5 gleiche Teile teilen.
02f	1 2 3 4 5	Er versteht auch komplizierte philosophische Texte.
03f	1 2 3 4 5	Er verfügt über Fingerfertigkeit.
04f	1 2 3 4 5	Er kann sich in allen Lebenslagen eindeutig entscheiden.
05f	1 2 3 4 5	Er kann komplizierte Flächenfiguren jederzeit aus Dreiecken zusammensetzen
06f	1 2 3 4 5	Bei dem, was er lernt, bilden sich schnell Verbindungen zu Bekanntem
07f	1 2 3 4 5	Seine Hände sind beweglich und agil.
08f	1 2 3 4 5	Er kann an mehreren Gesprächen zugleich teilnehmen.
09f	1 2 3 4 5	Er kann anhand eines Luftbildes Höhenunterschiede in der Landschaft erkennen.
10f	1 2 3 4 5	Er kann seine mathematischen Kenntnisse mit realen Vorgängen verknüpfen
11f	1 2 3 4 5	Er ist körperlich gut trainiert.
12f	1 2 3 4 5	Er kann sich so konzentrieren, daß er nichts mehr aus seiner Umgebung hört.
01g	1 2 3 4 5	Er kann mit bloßem Auge genau feststellen, ob 2 Geraden wirklich parallel sind.
02g	1 2 3 4 5	Zu zwei oder mehr Begriffen findet er stets den zugehörigen Oberbegriff
03g	1 2 3 4 5	Feine Arbeiten an winzigen Bauteilen führt er geschickt aus.
04g	1 2 3 4 5	Sein Urteil zu den jeweiligen Situationen ist bestimmt und eindeutig.
05g	1 2 3 4 5	In Suchbildern findet er die Fehler schnell.
06g	1 2 3 4 5	Es fällt ihm leicht umzulernen.
07g	1 2 3 4 5	Im Modellbau ist er geschickt.
08g	1 2 3 4 5	Er benötigt wenig Zeit, um sich auf Arbeitsveränderungen einzustellen.

09g	1 2 3 4 5	Nach einmaligem Sehen kann er eine Zimmereinrichtung genau beschreiben.
10g	1 2 3 4 5	Zu Wörtern und Begriffen findet er schnell verwandte Bezeichnungen.
11g	1 2 3 4 5	Seine Körperbewegungen sind geschmeidig.
12g	1 2 3 4 5	Seine Arbeiten führt er besonders sorgfältig und genau aus.
01h	1 2 3 4 5	Er sieht sofort, wenn ein Bild schief hängt.
02h	1 2 3 4 5	Bei Denkaufgaben erkennt er schnell die Inhalte, die nicht dazugehören.
03h	1 2 3 4 5	Schreibmaschinen- und entsprechende Tastaturen kann er sicher bedienen.
04h	1 2 3 4 5	Er kann sich sicher für eine von mehreren Möglichkeiten entscheiden.
05h	1 2 3 4 5	Auch nur kurz gesehene Möbelformen im Raum kann er genau beschreiben
06h	1 2 3 4 5	Bei geistigen Aufgaben findet er oft ihm bekannte Inhalte, die zur Lösung führen
07h	1 2 3 4 5	In der Hausarbeit (Putzen, Aufräumen usw.) ist er geschickt.
08h	1 2 3 4 5	Auf Veränderungen reagiere und spricht er leicht an.
09h	1 2 3 4 5	In ihm bekannten Räumen bewegt er sich auch im Dunkeln, ohne anzustoßen
10h	1 2 3 4 5	Auch unbekannte, ihm nicht vertraute Probleme kann er recht schnell lösen.
11h	1 2 3 4 5	Seine Bewegungen sind rund und locker.
12h	1 2 3 4 5	Trotz Unruhe in seiner Umgebung führt er seine Arbeiten exakt aus
01i	1 2 3 4 5	Er sieht mit bloßem Auge, wenn eine Wand nicht exakt senkrecht steht
02i	1 2 3 4 5	Auch bei unbekannten Sachverhalten erkennt er stets das Wesentliche
03i	1 2 3 4 5	Er kann Fäden ohne Schwierigkeiten in feine Nadelöhre einfädeln
04i	1 2 3 4 5	Er ist sich bei Entscheidungen stets der Umstände klar bewußt
05i	1 2 3 4 5	Formenunterschiede kann er sicher behalten.
06i	1 2 3 4 5	Er hat viel Phantasie
07i	1 2 3 4 5	Er ist geschickt als Heimwerker.
08i	1 2 3 4 5	Er ist umstellungsfähig und wendig.
09i	1 2 3 4 5	Bauzeichnungen kann er gut lesen und sich die dargestellten Räume vorstellen.
10i	1 2 3 4 5	Er denkt im allgemeinen sehr logisch
11i	1 2 3 4 5	Er ist im allgemeinen körperlich geschickt.
12i	1 2 3 4 5	Er ist ein sehr aufmerksamer Zuhörer

01j	1 2 3 4 5	Er kann ohne Hilfsmittel feststellen, ob ein Fußboden exakt horizontal ist
02j	1 2 3 4 5	Auch bei ihm unbekannten Inhalten versteht er schnell, worum es geht
03j	1 2 3 4 5	Auch mit kleinen Fadenenden kann er geschickt Knoten knüpfen
04j	1 2 3 4 5	Er ist sich stets klar darüber, was er will.
05j	1 2 3 4 5	Fehler in Mustern findet er sofort
06j	1 2 3 4 5	Ihm fällt immer wieder etwas Neues ein
07j	1 2 3 4 5	Er verfügt über ausgesprochenes Handgeschick
08j	1 2 3 4 5	Er überschaut immer mehrere Dinge zur gleichen Zeit
09j	1 2 3 4 5	Er kann anhand eines Fotos die räumlichen Verhältnisse der Landschaft sehen
10j	1 2 3 4 5	Er denkt stets sehr folgerichtig
11j	1 2 3 4 5	Seine Körperbewegungen sind flüssig.
12j	1 2 3 4 5	Er konzentriert sich stets straff auf das Wesentliche
01k	1 2 3 4 5	Er kann ohne Hilfsmittel feststellen, ob zwei Graden senkrecht zueinander stehen
02k	1 2 3 4 5	Er kann formalen (z.B. mathematischen) Darstellungen gut folgen
03k	1 2 3 4 5	Er kann leicht kleinste Schrauben mit den Fingern eindrehen
04k	1 2 3 4 5	Er lehnt kooperative, mehrheitsbestimmte Entscheidungen ab
05k	1 2 3 4 5	Ob Flächen verschiedener Formen gleich groß sind, findet er sofort heraus
06k	1 2 3 4 5	Er ist erfindungsreich
07k	1 2 3 4 5	er ist geschickt im Umgang mit Werkzeugmaschinen
08k	1 2 3 4 5	Er beschäftigt sich immer mit mehreren Dingen zur gleichen Zeit
09k	1 2 3 4 5	Auch die üblichen Fernsehbilder sieht er räumlich, dreidimensional
10k	1 2 3 4 5	Er ist geistig sehr vielseitig
11k	1 2 3 4 5	Seine Bewegungen sind schwingend und fließend
12k	1 2 3 4 5	Er trachtet danach, den jeweiligen Gegenstand möglichst genau zu betrachten
01l	1 2 3 4 5	Er erkennt bei einem Achsenkreuz mit bloßem Auge jede Abweichung vom rechten Winkel
02l	1 2 3 4 5	Er ist fähig, Zahlenreihen schnell zu analysieren, um sie richtig fortzusetzen
03l	1 2 3 4 5	Er kann gut Streichhölzer und ähnliche Dinge sortieren
04l	1 2 3 4 5	Er fällt sehr eindeutige, unumstößliche Entscheidungen

05l	1 2 3 4 5	Ähnlichkeiten zwischen verschiedenen Formen fallen ihm sofort auf
06l	1 2 3 4 5	Neue Informationen verknüpft er schnell mit Bekanntem
07l	1 2 3 4 5	Seine Handarbeiten finden überall Anerkennung
08l	1 2 3 4 5	Er reagiert besonders schnell auf äußere Eindrücke
09l	1 2 3 4 5	Auch bei einäugigem Sehen erlebt er seine Umwelt dreidimensional
10l	1 2 3 4 5	Er kann sich geistig nie auf nur eine Sicht der Probleme beschränken
11l	1 2 3 4 5	Seine Bewegungen sind straff und elastisch
12l	1 2 3 4 5	Er läßt seine Gedanken nie abschweifen, bleibe strikt beim Thema
01m	1 2 3 4 5	Er erkennt unterschiedliche Abstände von Bildern sofort
02m	1 2 3 4 5	Fehler in Gedankenfolgen findet er schnell heraus
03m	1 2 3 4 5	Feine Lötarbeiten (z.B. Elektronik) führt er geschickt und sicher aus
04m	1 2 3 4 5	Uneindeutigkeiten jeder Art lehnt er ab
05m	1 2 3 4 5	Formen kann er schnell und sicher aus ihren Teilen zusammensetzen
06m	1 2 3 4 5	Er hat täglich neue Ideen
07m	1 2 3 4 5	Seine handwerklichen Erzeugnisse sind erstklassig
08m	1 2 3 4 5	Er reagiert sehr schnell auf innere Einflüsse und Regungen
09m	1 2 3 4 5	Die Bilder der großen klassischen Maler sieht er räumlich
10m	1 2 3 4 5	Er kann seine Gedanken sprachlich genau und präzise darstellen
11m	1 2 3 4 5	Seine Bewegungen sind schwingend und locker
12m	1 2 3 4 5	Er ist immer voll und ganz bei der Sache
01n	1 2 3 4 5	Er sieht sofort, ob ein Gegenstand in eine vorhandene Lücke paßt
02n	1 2 3 4 5	Zerlegte Geräte u. technische Einrichtungen baut er meistens schnell zusammen
03n	1 2 3 4 5	Er hantiert mit feinen Schraubendrehern, ohne zu zittern
04n	1 2 3 4 5	Er lehnt jede Art von Unbestimmtheit und Verschwommenheit ab
05n	1 2 3 4 5	Auch feine Formenabweichungen erkennt er sofort
06n	1 2 3 4 5	Er verfügt über ein umfangreiches Wissen
07n	1 2 3 4 5	Er ist geschickt im Reparieren von Geräten
08n	1 2 3 4 5	Er ist sehr anpassungsfähig (nicht mit Unterordnung verwechseln)

09n	1 2 3 4 5	Wenn er sich an einen Weg erinnert, sieht er ihn räumlich vor sich
10n	1 2 3 4 5	Er kann seine Gedanken formal exakt darstellen
11n	1 2 3 4 5	Seine Bewegungen sind rund und unverkrampft
12n	1 2 3 4 5	Er beachtet stets jede Kleinigkeit
01o	1 2 3 4 5	Er erkennt, ohne zu probieren, ob eine Mutter auf eine Schraube (Bolzen) paßt
02o	1 2 3 4 5	Er verfügt über hohe Kritikfähigkeit
03o	1 2 3 4 5	Er tippt fehlerlos, macht keine Tippfehler
04o	1 2 3 4 5	Er liebt bestimmte Entscheidungen ohne Wenn und Aber
05o	1 2 3 4 5	Unterschiedliche Größen gleicher Formen erkennt er sofort
06o	1 2 3 4 5	Auch außerhalb seines Berufsgebietes besitzt er vielerlei Kenntnisse
07o	1 2 3 4 5	Er ist geschickt in Schlosser- und Tischlerarbeiten
08o	1 2 3 4 5	Er spricht wie ein Seismograph auf Änderungen in der Umwelt an
09o	1 2 3 4 5	Seine Urlaubserinnerungen sind räumlich, also dreidimensional
10o	1 2 3 4 5	Geistig verknüpft er vieles in ungewohnter Weise
11o	1 2 3 4 5	Sein Gang ist elastisch und locker
12o	1 2 3 4 5	Wenn er an einer Sache arbeitet, hört und sieht er nichts anderes mehr
01p	1 2 3 4 5	Er erkennt, ohne zu probieren, ob ein Ring auf einen bestimmten Finger paßt
02p	1 2 3 4 5	Von ihm vorgenommene Einteilungen (Dispositionen) bewähren sich stets
03p	1 2 3 4 5	Seine Finger sind sehr beweglich und immer in Bewegung
04p	1 2 3 4 5	Er liebt klare und eindeutige Entscheidungen
05p	1 2 3 4 5	Er kann unterschiedliche Formen sicher aus dem Gedächtnis aufzeichnen
06p	1 2 3 4 5	Er versucht, sich täglich weiterzubilden
07p	1 2 3 4 5	Er ist geschickt bei häuslichen Reparaturarbeiten
08p	1 2 3 4 5	Er kann sich nicht auf ein Thema zur Zeit beschränken
09p	1 2 3 4 5	Das Bild eines bunten Balls erscheint ihm nicht als farbiger Kreis, sondern plastisch
10p	1 2 3 4 5	Auch scheinbar Unvereinbares pflegt er gedanklich zu verknüpfen
11p	1 2 3 4 5	Seine Arm- und Körperhaltung sind locker und geschmeidig
12p	1 2 3 4 5	Wenn er sich - als Zuschauer - auf eine Sendung, einen Vortrag usw. konzentriert, achtet er auf nichts sonst

Auch hier erfolgt die Auswertung durch Übertragung der erhaltenen Werte in das Programm DAE, das sowohl die Ergebnisse mehrerer Interviewer gemeinsam auswertet, als auch die Ergebnisse anderer Verfahren in die Auswertung einbeziehen läßt.

Test- und Arbeitsprobenanalyse

I.-S.-T. und Auswertungskollationierung

In dieser Hinsicht steht eine Vielzahl von Verfahren zur Verfügung, die allerdings in den meisten Fällen auf andersartigen Begabungsmodellen aufbauen, also in ihrer Auswertung erst einmal auf die hier vorgelegten Erkenntnisse hin kollationiert werden müssen. Als Beispiel dazu sei hier der I.-S.-T. (Intelligenz-Struktur-Test) von Amthauer gewählt, um den modifizierten Bearbeitungss- und Bewertungsprozeß aufzuzeigen. Dabei muß man sich zunächst darüber klar sein, daß er nur einen Teil der Komponenten erfaßt. Weder vl noch ff, fh, fk, we, wm und wk werden erfaßt. Außerdem sind im Rahmen einer syntaktischen Persönlichkeitskomponentenanalyse die Zeitwerte zu vergessen. Eine Aufgabenreihe endet erst dann, wenn der Proband nicht mehr weiter weiß.

vp wird durch die Aufgabenreihe FA analysiert. Um die Ergebnisse in unserem Auswertungsprogramm sachgerecht zu plazieren, ist jede richtige Lösung mit ¼ Punkt zu bewerten und die Summe der Einzelwerte in der Zeile mit der Nr. 105 in eine freie Spalte des Auswertungsprogramms DAE einzutragen. Gleiches gilt für vk, das durch die Aufgabenreihe WÜ analysiert wird und dessen Ergebnis in der Zeile 109 in der gleichen Spalte einzusetzen ist.

Soweit es die Denkfunktionen angeht, sind je Komponenten jeweils die Ergebnisse zweier Aufgabenreihen zusammenzufassen, und zwar:

- **dk**: SE (Satzergänzung) plus GE (Gemeinsamkeiten) jeder Lösungspunkt nach I.-S.-T. ergibt 0,1 Punkt auf der 5er-Analyseskala. Die erzielte Summe wird in Spalte F in Zeile 102 in DAE eingetragen
- **dp:** WA (Wortauswahl) jeder Lösungspunkt nach I.-S.-T. ergibt ¼ Punkt auf der 5er-Analyseskala. Die erzielte Summe wird in in Zeile 106 in DAE eingetragen
- **de:** AN (Analogien) plus ZR (Zahlenreihen) jeder Lösungspunkt nach I.-S.-T. ergibt 0,125 Punkt auf der 5er-Analyseskala. Die erzielte Summe wird in Zeile 110 in DAE eingetragen

Einfacher ist es natürlich mit einer Aufgabensammlung zu arbeiten, die auf dem verwendeten Begabungsmodell aufbaut.

Modelladäquate Aufgabensammlung

Auch eine modelladäquate Aufgabensammlung kommt nicht ohne verhaltensanalytische Hilfen aus, da es z.B. für we bisher keine geeigneten Aufgaben gibt. Zudem gibt es kaum die Möglichkeit, eine in größeren Gruppen anwendbare Begabungstestsammlung zu konstruieren, denn Begabungen lassen sich im Gegensatz zu Fertigkeiten nicht normieren. Das gilt auch für die Lösungsweise, die - besonders im sprachlichen Bereich - nicht im multiple Choice Stil zu gestalten ist, so daß auf seiten der Auswertung der Ergebnisse weniger nach Schema F verfahren werden kann.

Auf der CD-ROM zu „Trends und Updates MMV" findet sich ein Muster einer derartigen Aufgabensammlung mit den Aufgabengruppen:

- 01 (vl): Streckenteilung, die durch eine Flächenteilung ergänzt werden könnte.
- 02 (dk): Gemeinsamkeiten, Oberbegriffe
- 03 (ff): Knickstreifen
- 04 (we): Abschreibaufgabe graphische Gestaltungsanalyse in mehrfacher Hinsicht, auch zur Ergänzung in wm, wk, dk, dp, de

- 05 (vp): Formvergleiche
- 06 (dp): Begriffsergänzungen, Assoziationen,
- 07 (fh): Drahtbiegeprobe
- 08 (wm): Zahlensuchtafel
- 09 (vk): Entfaltungsaufgabe
- 10 (de): Analogien
- 11 (fk): Fallrohr
- 12 (wk): Durchstreichtest

Eine fundierte Begabungsanalyse erfordert allerdings im allgemeinen eine Einzelpersonuntersuchung, die bei diesem Verfahren einschließlich Anweisungserfassung und Leerlauf ca. 100 bis 150 Minuten dauern wird, wobei hier und dort auch Überschreitungen der auszuwertenden Zeiten zweckmäßig sein können, da es ja um eine Begabungs- und nicht um eine Leistungsanalyse geht. Das Verfahren zur Testauswertung findet sich wie der Funktionstest auf der erwähnten CD-ROM im Ordner Auswertungen.

Partielle graphische Begabungsanalyse

In vielen Fällen kommt es nicht so sehr auf manuelle und Vorstellbegabungen an, vielmals ist der betreffende Mensch auch nicht greifbar oder es hindern andere Umstände an einer direkten Analyse. Andererseits möchte man vorliegende Ergebnisse wenigstens teilweise kontrollieren. In diesen Fällen kann man mit Hilfe der Analyse graphischer Erzeugnisse eines Probanden wertvolle Hinweise erhalten. Allerdings sollte man eine solche Analyse nicht auf die syntaktischen Persönlichkeitskomponenten beschränken, sondern zugleich die Elementenwerte einbeziehen, wie ich an anderer Stelle gezeigt habe.[42] Die jeweiligen Ergebnisse dazu werden in ein gesondertes Auswertungsprogramm DAE eingetragen.

[42] vgl. dazu B. Waszkewitz: Neue Graphologie, ibidem-verlag Stuttgart 2004

Wichtig sind diese graphodiagnostischen Hilfsmittel vor allen Dingen zur Absicherung und Ergebnispräzisierung im Zusammenhang mit anderen erwähnten Analyseverfahren.

Ergebnisbeschreibung

Dem Fachmann genügen im allgemeinen die Ergebnisangaben aus dem Auswertungsprogramm. Laien, auch Pädagogen werden damit meistens nichts anfangen können, zumal sie mit der vorgelegten Modellkonfiguration nicht vertraut sind[43]. Also benötigt man eine Übersetzung der Ergebnisse in die Sprache. Erste Ansätze in dieser Richtung liefern die tabellarischen Übersichten im vorigen Abschnitt. Um das aber einheitlich und möglichst gutachterunabhängig zu gestalten, brauchen wir zunächst einen Basistext, in den dann geeignete Termini für die Ergebniswerte einzusetzen sind. Ein solcher Text kann z.B. wie folgt aussehen:

Begabungsstrukturbeurteilung (DKb)

Name:
Alter:
Vorbildung:
Untersuchungsmaterial:
Diagnostisches Verfahren:

Er bringt eine *Iy* Denkbegabung mit. Die *Wy* ausgeprägte Willens- und Bewußtheitsfähigkeit steht wie die anderen Begabungen im Dienste der Persönlichkeitszüge und wird von ihnen eingesetzt. Insgesamt gesehen entwickelt er an integrierenden, d.h. verarbeitenden Begabungen *we,wm,wk* Bewußtheit

[43] Das gilt aber auch für Intelligenztestuntersuchungen etc. Auch hier genügt es für den Nichtfachmann keineswegs, ein paar Prozentsätze und Referenzwerte aufzuführen. Zudem sollte man bei alledem beachten, daß Mitteilungen an Nichtpsychologen grundsätzlich in einer allgemeinverständlichen Sprache abgefaßt werden sollten und kein Gutachter berechtigt ist, einen Menschen als Durchschnitt abzuservieren.

und *dk,dp,de* Denken. Bei *we* Entscheidungsweise und Bewußtheitsklarheit kann er das Wesentliche geistiger Probleme *dk* erkennen, d.h. zugleich analytisch denken. Auf dieser Grundlage entwickelt er eine *we#dk* geistige Urteilsweise. Auf die Vielfalt der Eindrücke spricht er *wm* an, wie es seinem Bewußtseinshorizont entspricht. Innere, aber auch äußere Informationen nimmt er geistig *dp* auf, um sie im Zuge der Informationsverarbeitung zu nutzen. Das ist die Grundlage für eine *wm#dp* Lernweise und Informationsverarbeitung. Da er zudem über die Fähigkeit verfügt, sich seiner Bewußtheitsschärfe entsprechend *wk* zu konzentrieren und seine Gedanken und Denkinhalte *de* miteinander zu verknüpfen, steht ihm eine *wk#de* Kombinationsweise zur geistigen Bewältigung praktischer Probleme zur Verfügung.

Auf Seiten der assimilierenden, gestaltenden Begabungen finden sich *Vy* Vorstellungs- und *Fy* physische Fertigungsfähigkeiten. Das *vl* lineare Vorstellvermögen als Basis der Distanzeneinschätzung verbindet sich mit *ff* Fingergeschick zu *vl#ff* Feingeschick. Von der Handfertigkeit her erweist er sich als *fh* entwickelt, und das bei *vp* Formvorstellungsvermögen, so daß damit zu rechnen ist, daß er handwerklich *vp#fh* arbeiten kann. Infolge der *vk* ausgebildeten räumlichen Vorstellfähigkeit und *fk* wirkenden Bewegungskoordination kann im allgemeinen mit einer *vk#fk* Ausführungsfähigkeit bei Gestaltungsprozessen gerechnet werden.

Ty.

.-.

Dazu bedarf es natürlich in sich geschlossener Terminitabellen, um die im Schrägdruck stehenden Codes durch sprachliche Angaben im Sinne der jeweiligen Ergebnisse zu ersetzen. Diesem dienen die gegen Ende aufgeführten Beschreibungstabellen. Ein Beispiel möge dieses verdeutlichen.

Gehen wir von folgendem Ergebnis aus:

vl: 6,0	vp: 7,5	vk: 3,5	Vy: 45,66
dk: 6,5	dp: 7,8	de: 7,4	Iy: 61,55

ff: 5,5	fh: 4,6	fk: 5,5	Fy: 44,52
we: 5,5	wm:7,0	wk:6,5	Wy: 51,85
			Ty: 50,47,

so erhalten wir unter Nutzung der erwähnten Tabellen folgende Beurteilung:

Begabungsstrukturbeurteilung (DKb)

Name:	N.X.
Alter:	15 Jahre
Vorbildung:	Obertertia(9. Klasse Gymnasium)
Untersuchungsmaterial:	Begabungstest und -Fragebogen
Diagnostisches Verfahren:	Funktionalinventar, Funktionstest

Er bringt eine *ausgeprägte* Denkbegabung mit. Die *deutlich* ausgeprägte Willens- und Bewußtheitsfähigkeit steht wie die anderen Begabungen im Dienste der Persönlichkeitszüge und wird von ihnen eingesetzt. Insgesamt gesehen entwickelt er an integrierenden, d.h. verarbeitenden Begabungen *eine straffe horizontweite* Bewußtheit und *ein kritisches, phantasievolles und gewandtes* Denken. Bei *ansatzweise bestimmter* Entscheidungsweise und Bewußtheitsklarheit kann er das Wesentliche geistiger Probleme *klar* erkennen, d.h. zugleich analytisch denken. Auf dieser Grundlage entwickelt er eine *sichere* geistige Urteilsweise. Auf die Vielfalt der Eindrücke spricht er *beschleunigt* an, wie es seinem Bewußtseinshorizont entspricht. Innere, aber auch äußere Informationen nimmt er geistig *umfassend* auf, um sie im Zuge der Informationsverarbeitung zu nutzen. Das ist die Grundlage für eine *geschickte* Lernweise und Informationsverarbeitung. Da er zudem über die Fähigkeit verfügt, sich seiner Bewußtheitsschärfe entsprechend *befriedigend* zu konzentrieren und seine Gedanken und Denkinhalte *vielseitig* miteinander zu verknüpfen, steht ihm eine *gezielte* Kombinationsweise zur geistigen Bewältigung praktischer Probleme zur Verfügung.

Auf Seiten der assimilierenden, gestaltenden Begabungen finden sich *gut durchschnittliche* Vorstellungs- und *deutliche* physische Fertigungsfähigkeiten. Das *durchschnittliche* lineare Vorstellvermögen als Basis der

Distanzeneinschätzung verbindet sich mit *eher mittlerem* Fingergeschick zu *genauem* Feingeschick. Von der Handfertigkeit her erweist er sich als *einigermaßen* entwickelt, und das bei *gesteigertem* Formvorstellungsvermögen, so daß damit zu rechnen ist, daß er handwerklich *gerichtet* arbeiten kann. Infolge der *ziemlich gering* ausgebildeten räumlichen Vorstellfähigkeit und *übermittel* wirkenden Bewegungskoordination kann im allgemeinen mit einer *unbeholfenen* Ausführungsfähigkeit bei Gestaltungsprozessen gerechnet werden.

Insgesamt kann man von guter Begabung ausgehen.

.-.

Auf diese Weise lassen sich die Ergebnisse allen Beteiligten in recht verständlicher Form vermitteln, ohne die Forderung nach Objectivity zu verletzen.

Begabungsbildung und Nutzung

Begabungsbildung

Angelegte Begabungen entfalten sich erst in der Auseinandersetzung mit Aufgaben und im Kontakt mit den Realitäten des Lebens. Gibt man dem Menschen - vor allem in seiner Entwicklungszeit von der Geburt bis zur Reife - keine Gelegenheit dazu, verkümmern die vorhandenen Anlagen. Dieses reicht soweit, daß Anlagen und Teile derselben in bestimmten Altersstufen entsprechende Aufgaben benötigen, wenn sie entfaltet werden sollen[44]. Wird diese Chance verpaßt, ist sie kaum auszugleichen. Treten derartige Aufgaben vor der als Reifungszeit bezeichneten Aktualisierung der zugehörigen syntaktischen und sonstigen Persönlichkeitsfaktoren an die Person heran, wird diese sie nicht lösen können. Durch unberechtigte Kritik usw. können dabei psychische Störungen herausgebildet werden, die ihrerseits die weitere Entwicklung beeinträchtigen. Es ist also dafür zu sorgen, daß derartiges Versagen nicht mit negativen Akzenten belastet wird, sondern als Anreiz zu stets erneutem Versuch genutzt wird, bis die Lösung der Aufgaben aufgrund erfolgter Reifung der Funktion gelingt.

In entsprechender psychischer und pädagogischer Atmosphäre ist also nicht die verfrühte Begegnung mit Aufgaben und Anforderungen das Problem, sondern die verspätete, denn sie führt zur Entstehung von Entfaltungslücken aufgrund der verpaßten Chance. Daher darf die Antwort der Eltern, Erzieher usw. auf Fragen des Kindes auch niemals lauten „das verstehst Du noch nicht“ o. ä.. Sie können zwar zugeben, daß sie es nicht wissen, nicht fähig sind, es zu erklären, aber niemals auf der „Dummheit“ des sich entwickelnden Menschen aufbauen. Und das gilt vom ersten Lebenstag an.

Während in der Familie die Mutter im allgemeinen mit 1 bis vielleicht 3 kleinen Kindern den vielen Fragen im Laufe des Tages ausgesetzt

[44] man kennt sie allerdings noch nicht alle, ganz abgesehen davon, daß der jeweilige Zeitpunkt individuell unterschiedlich ist.

ist und daher auch die Zeit findet, die richtigen Antworten zu geben, besteht für eine Erzieherin in einer Gruppe von 10 und mehr fremden Kindern erstens meistens nicht die Zeit, alle gestellten Fragen zu beantworten, oft auch noch die Schwierigkeit, die unterschiedlichsten Codes dieser Kinder richtig zu verstehen, denn Kinder aus unterschiedlichen Elternhäusern sprechen keineswegs die gleiche Sprache, selbst wenn sie z.B. „deutsch" sprechen. Außerdem bedarf so etwas einer hochqualifizierten Ausbildung, was zu entsprechenden Kosten führt, die sich ein Land wie Deutschland nicht mehr leisten kann.

Überhaupt muß man sich darüber klar sein, daß Bildung und insbesondere Begabungsbildung ein individueller Prozeß ist, der um so weniger total gelingen kann, je mehr Menschen und gar unterschiedliche Menschen zugleich daran teilnehmen. Ich bin mir darüber völlig klar, daß ich damit der Einzelunterweisung das Wort rede, aber das tun selbst die Gesamtschulvertreter, die ja immer kleinere Klassen fordern und das alleine schon, um den individuellen Besonderheiten gerecht zu werden. Wozu dann aber ein solches Mammutunternehmen, in dem kleine Kinder nicht heimisch werden können. Dabei verkenne ich keineswegs das ökonomische Problem dabei. Aber ich kann im Hinblick auf die Gesetze der psychischen Entwicklung und der Begabungsentwicklung im besonderen[45] nicht einsehen, was frühkindliche Kasernierung (Kindergarten) bringen soll, es sei denn als Notbehelf für arbeitende Mütter, aber wie gesagt als Notbehelf. Und das gilt auch für Ganztagsschulen und noch mehr für Internate. Sicher, es gibt Fälle, wo ein Internat die einzige Möglichkeit der Steuerung einzelner junger Menschen bleibt, aber auch das ist - wie ein Erziehungsheim - ein Notbehelf, sei es wegen des jungen Menschen oder wegen der Institutionen, denen er ausgeliefert ist.

Wohlgemerkt, nicht um die PISA-Studie und nicht um die Wissenslücken der jungen Generation geht es hier, sondern um die Begabungslücken

---

[45] vgl. dazu den Abschnitt „Entwicklung" B. Waszkewitz: Psychologie der Persönlichkeit, ibidem-verlag Stuttgart 2003

und -entfaltungsmängel. Damit diese nicht auch zukünftige Generationen belasten, gilt es, möglichst genau zu erforschen - denn in dieser Hinsicht ist unser Wissen noch minimal - welche Begabungen und Begabungsformen in welchen Zeitspannen reifen und dafür Aufgaben zu Aktivierung zu schaffen sowie die zur Lösung nötigen Kenntnisse zu bestimmen und beide in der entsprechenden Phase an die jungen Menschen heranzutragen bzw. herantragen zu lassen und soweit sie sie noch nicht lösen, immer wieder heranzutragen bis das betreffende Begabungssegment aktiviert ist. Sobald das der Fall ist, erfolgt eine „Versetzung" zur nächsten Stufe, aber nicht eher. Diese Versetzung muß keineswegs eine Umsetzung in eine andere Gruppe einschließen, denn es gibt ja eine Vielzahl von Begabungssegmenten, die zur gleichen Zeit reifen und zur gleichen Zeit angeregt und aktiviert werden müssen. Allerdings sollten diejenigen, bei denen die Begabungssegmente der Phase aktiviert sind, auch zugleich mit den Aufgaben der nächsten Stufe konfrontiert werden usw.. Allerdings darf man dabei nicht versäumen, immer wieder Aufgeschlossenheit auch für bisher fremde oder neuartige Anwendungsgebiete zu fördern sowie herauszufinden, wie das Interesse dafür im Einzelfalle am besten zu wecken ist. Und das ist kein Massen- und Gruppenproblem, sondern muß individuell gelöst werden, zumal auch die Entfaltung der richtungsgebenden Faktoren (s.o.) zu unterschiedlichen Zeitpunkten und das individuell verschieden erfolgt. Das wiederum setzt eine sehr sorgfältige und systematische Beobachtung des Verhaltens der jungen Menschen voraus, wozu entsprechende Instrumente seitens der Psychologie den Pädagogen an die Hand gegeben werden müssen[46]. Und Pädagogen werden lernen müssen, sich nicht nur auf ihr Fingerspitzengefühl oder ihre „soziale Intelligenz" zu verlassen, sondern sich derartiger Instrumente zu bedienen.

Das heißt aber auch, daß Übergänge auf anforderungshöhere Zweige unter keinen Umständen verzögert werden dürfen, denn sind die vorhergehenden Begabungssegmente ausgebildet, pflegen die folgenden zu

[46] vgl. B. Waszkewitz: Auf dem Wege zur Bildungsberatung, ibidem-verlag Stuttgart 2004

reifen. Würde man etwa im Rahmen von Förderung- oder Orientierungsstufen den Übergang verzögern, entstünde bei den betreffenden jungen Menschen eine verpaßte Chance. Und das darf keineswegs eintreten und wäre der größtmögliche Verstoß gegen die Chancengleichheit.

Wer diese Darlegungen genau verfolgt hat, wird allerdings auch erkennen, daß eine solche Begabungsförderung, die zudem allen 4 Begabungsfunktionen gelten muß, mit erhöhten Anforderungen an die Lernenden verbunden ist. Dazu gehört dann zugleich die Lösung, etwa über das Musische, Künstlerische, über die Fertigkeiten und die Ausbildung der Vorstellungsfähigkeiten, um eine möglichst vielseitige Persönlichkeitsstruktur herausbilden zu lassen. Begabungsförderung heißt also keineswegs Heranbildung von Leistungsrobotern. Ob dann später daraus Leistungseliten werden, wie es sich die Politiker oft vorstellen, hängt eng mit der Entwicklung der Überichperson zusammen, vor allem mit dem sich herausbildenden Ethos.

Und bis zur Verwirklichung einer derartigen Begabungsentwicklung und -förderung müssen Pädagogen und Psychologen noch viel Forschungsarbeit leisten. Bis dahin können wir nur versuchen, alle Vermassungsversuche abzuwehren und den jungen Menschen ein möglichst breites und umfangreiches Repertoire anzubieten. Erfolg wird das allerdings nur haben, wenn wir uns sowohl im privaten als auch im Bildungsbereich wieder auf Tugenden der Disziplin und Ordnung besinnen. Ansonsten wird es unserem Nachwuchs in einer globalisierten Welt nicht sehr gut ergehen.

Berufswahl und Berufsbildung

Alle Bemühungen und Anstrengungen um eine Ausbildung der Begabungen und Begabungsreserven sind letztlich vergeblich, wenn es nicht gelingt, sie auch beruflich einzusetzen und zu nutzen. Und das ist einer komplizierten Berufswelt wie der unsrigen und der zukünftigen, die ständig im Fluß ist, gar nicht so einfach. Da kommt es nicht nur darauf an, daß der Mensch am

Arbeitsplatz die erforderlichen Begabungen mitbringt, da kommt es vor allem darauf an, daß er all seine Begabungen möglichst vollständig einsetzen muß, schon damit nicht Teile verkümmern, die dann nur mit großen Schwierigkeiten neu zu aktivieren sind. Und damit ist der Einzelne gänzlich überfordert.

Hinzu kommt, wie an anderer Stelle gezeigt,[47] daß dazu mehr als eine Begabungsanalyse gehört, daß dazu die Struktur der Gesamtpersönlichkeit, insbesondere ihrer Dynamik und Motivstruktur berücksichtigt werden müssen, denn Arbeitsstil und Arbeitsinhalte und -umstände bestimmen ebenfalls, ob die vorhandenen Begabungen wirklich genutzt werden. Aber sehen wir von diesen zusätzlichen Komplikationen zunächst einmal ab, so benötigen wir eine allgemein zugängliche Beratung aller Berufsanwärter, die erstens die Begabungswerte der infrage kommenden Personen analysiert und bestimmt, welche Persönlichkeitseigenschaften vorhanden sind, und zweitens ihnen aufzeigt, welche Ausbildungen sie durchlaufen sollten zu welchem Berufsziel.

Das wiederum setzt erstens voraus, daß entsprechende Untersuchungsstellen geschaffen und besetzt werden, setzt aber im weiteren voraus, daß Arbeitsplätze, Berufe, Berufsfelder sowie Ausbildungsmöglichkeiten und ihre strukturellen Beziehungen bekannt sind, was bis heute höchstens in Ansätzen hier und dort gegeben ist. Der Forschung, insbesondere der Berufsforschung eröffnet sich hier ein weites Feld, das zudem ständig im Fluß ist. Und erst dann, wenn diese Strukturen bekannt sind, muß sowohl theoretisch als auch praktisch experimentell überprüft werden, welche Begabungs- und Persönlichkeitsfaktoren welcher Qualität in jedem Arbeitsfeld angesprochen und erforderlich sind, um die jeweiligen Aufgaben optimal - mit möglichst geringem Aufwand bestens - lösen zu können. Das heißt es bleibt ein langer Weg bis zu einer experimentell fundierten Beratung. Einstweilen kann eine solche Beratung lediglich auf theoretischer und analytischer Basis erfolgen,

---

[47] B. Waszkewitz: Echte Berufsberatung, Stuttgart 2004

wobei aber eine systematische Erfolgskontrolle unbedingt nötig ist. Die aber können private Berater nicht durchführen, ganz abgesehen davon, daß Berufsberatung in der BRD ja nach wie vor Monopol der Bundesagentur für Arbeit ist.

Ähnliche Probleme sind zu lösen, wenn es darum geht, neue Mitarbeiter einzustellen, Arbeitslose zu vermitteln, Umschulungen und Weiterbildungen einzuleiten. Auch hier sollten die Begabungsanforderungen zunächst analysiert werden, denn Begabungen lassen sich nicht vermitteln, nur Anwendungsmethoden und Fakten (Kenntnisse usw.) lassen sich vermitteln, wenn die entsprechenden Begabungen vorhanden sind. Also müssen die betreffenden Menschen ebenfalls auf ihre Begabungsstruktur hin analysiert werden - und wo man es speichern kann, braucht das nicht wiederholt zu werden -, ehe man sie den Anforderungen aussetzt. Auch in dieser Hinsicht wird man in der Zukunft noch einen Schritt weitergehen müssen, denn eine geeignete Begabungsstruktur allein garantiert ja nicht den Erfolg. Eine geeignete Persönlichkeitsstruktur muß hinzukommen, und die ist beim Erwachsenen kaum noch zu ändern. Nur dort, wo die geeignete Begabungsstruktur fehlt, bleibt der Erfolg mit Sicherheit aus.

Wie zu sehen, reicht die Neugestaltung des Bildungswesens allein nicht aus, die Erkenntnisse der Begabungsforschung für die Praxis zu verwerten und die Effekte eines entsprechend gestalteten Bildungswesen sowohl dem Einzelnen als auch der Gemeinschaft nutzbar zu machen. Das alles aber verlangt ein Umdenken in vielerlei Hinsicht, vor allem weg von allen ideologischen Zielsetzungen.

Individuelle Begabungsentwicklung

Die bisherigen Untersuchungen zeigen, daß sich die Entwicklung der Begabungskomponenten allgemein in bestimmten Phasen und Altersstufen vollzieht, aber keineswegs lebenszeitlich bei allen Menschen gleich verläuft.

Mehr oder minder große Abweichungen von diesen Zeitpunkten treten bei jedem Individuum auf wie auch in der körperlichen Entwicklung. Dementsprechend ist die übliche Jahrgangsorganisation in unserem Bildungswesen weniger geeignet, selbst wenn sie für einen großen Prozentsatz der Bevölkerung den Ansprüchen genügen mag. Und sie wird auch sicher in absehbarer Zeit nicht aufgegeben werden. Wie aber kommen Individuen mit einem anderen Entwicklungsrhythmus damit zurecht, ohne daß ihre Begabungsentwicklung leidet? Hier sind die zuständigen Erzieher, in diesem Falle die Eltern gefragt, solange es keine öffentlichen Institutionen gibt, die ihnen diese schwierige Aufgabe abnehmen oder ihnen bei deren Lösung helfen.

Für die Förderung der Begabungskomponenten heißt der einzig gangbare Weg „Forderung", wenn das erforderliche Potential ausgebildet werden soll. Überforderungen machen sich nicht hier, sondern mehr im semantischen (Bedürfnisse) und pragmatischen (Antriebe, Dynamik) Aspekt der Persönlichkeit bemerkbar, wie oben schon dargelegt. Um die Gefahr der verpaßten Chance zu minimieren, müssen zur Ausbildung von *we* Möglichkeiten zur Entscheidungsbildung geschaffen werden, natürlich so, daß auf der Grundlage dieser Entscheidungen folgende Handlungen das Kind nicht gefährden. Es sollte angeregt werden, Urteile herauszubilden und auch umzusetzen. Zur besseren Ausbildung von *wm* muß das Kind schon früh an Umstellungen und Veränderungen und an eine gewisse, sich langsam steigernde Reizvielfalt herangeführt werden. Das Reagieren auf Mehrfachreize sollte ständig geübt werden, ebenso wie für die Ausprägung von *wk* Anregungen (nicht Ermahnungen) zur Sorgfalt und Genauigkeit des Arbeitens im Zuge kindlicher Spielhandlungen wichtig sind. Eine Unterstützung beim Zuendeführen von Tätigkeiten erscheint hier wesentlich. Für die Aktivierung des *dk*-Potentials braucht man Anregungen, eigene Unterscheidungen vorzunehmen. Mit Hilfe von Spielzeug und Spielsituationen führt man das Kind an strikte Unterscheidung von Wesentlichem und Unwesentlichem heran. Form- und Formlegespiele, bei denen es auf die Figur-Grund-Trennung ankommt, können dazu wesentliche Hilfe leisten. Im Falle der Förderung von *dp* muß man die Phantasie des Kindes spielen lassen, aber auch Eindrücke bieten, ohne mit solchen das Kind zu überschwemmen[48]. Kombinationsspiele, Konstruktionsspielzeug, vom einfachen Klötzchenbaukasten bis zu hochtechnischen Formen, aber auch Puzzles unterstützen die Entwicklung in *de,* aber auch Satzbildung und komplizierte Satzkonstruktionen, während Steck- und Zusammensetzspiele wie Schätzübungen hinsichtlich Längen und Distanzen bei der Ausbildung von *vl* helfen können. Für *vp* kommen ähnliche Maßnahmen wie für de und vl infrage. Eine Ausbildung von *vk* kann im allgemeinen erst mit Einsetzen der Jugendkrise erfolgen, wobei man dann Aufgaben der darstellenden Geometrie bei Minimierung der Anschauungsmittel einsetzen sollte. Fingerübungen, Feinsteck- und Bastelspiele ebenso wie Modellbau helfen bei der Entwicklung von *ff,* Greifspiele und die Arbeit mit Werkzeugen bei der von *fh.* Für die Entfaltung von *fk* erscheinen Bewegungs- und Ballspiele, aber auch Balancierübungen geeignet.

Sobald das Kind in die Schule kommt, sollte man immer wieder überprüfen, ob es erstens die jeweils gestellten Aufgaben lösen kann, inwieweit es aber auch fähig ist, die nächste, übernächste usw. Aufgabenstufe zu bewältigen, denn so vermeidet man die Entstehung verpaßter Chancen infolge zu geringer Schulanforderungen oder zu langsamer Schulfortschritte für das eigene Kind, Phänomene, die heute häufig zu beobachten sind. Wichtig ist dabei ferner, daß man auch an die in der Schule nicht geforderten Begabungskomponenten denkt. Sie zu fördern stehen heute vielerlei Spiele zur Verfügung, wobei im Falle eines begabteren Kindes die angegebenen Altersstufen meistens nicht stimmen.

Schwierig wird die Situation, wenn die Reifungsprozesse bei dem betreffenden Kind verspätet eintreten. In diesen Fällen kann Nachhilfe vorübergehend helfen bis sich der Entwicklungsrhythmus beschleunigt, ansonsten ist eine Wiederholung von Klassen angesagt, was aber sicher bei den

[48] gerade bei Kleinkindern weniger im Fernsehen, mehr in der Natur, eher im Bild als im Film.

heutigen Schulanforderungen nicht sehr häufig der Fall sein dürfte. Allerdings ist gerade in solchen Fällen die heute übliche Hektik zu vermeiden, dem Kind mehr Ruhe zu bieten und Szenenwechsel einzuschränken.

Interpretationstabellen

FW-werte	Iy	Wy
36,00 bis 36,69	mangelhafte	ungenügend
36,97 bis 37,58	wenig ausgebildete	gering
37,59 bis 39,02	geringe	unterdurchschnittlich
39,03 bis 41,69	mäßige	knapp durchschnittlich
41,70 bis 44,00	mittlere	durchschnittlich
44,01 bis 46,22	gut durchschnittliche	gut durchschnittlich
46,23 bis 50,00	gehobene	überdurchschnittlich
50,01 bis 53,62	über mittlere	deutlich
53,63 bis 59,00	beträchtliche	betont
59,01 bis 65,62	ausgeprägte	markant
65,63 bis 71,00	höhere	beträchtlich
71,01 bis 77,00	gute	stark
77,01 bis 85,42	sehr gut	sehr stark
85,43 bis 93,00	herausragende	außergewöhnlich
93,01 bis 100,00	überragende	überragend

(<4.0 =k, 4.0 bis 5,9 =m; > 6,0-7,5 =g, 7,6-9,0=h)

we,wm,wk	Willens- und Bewußtheitsfähigkeit
-kkk	eine verminderte
-kkm	eine eingeengte
-kkg	eine unentschiedene und unflexible
-kkh	eine pedantische
-kmk	eine flüchtige
-kmm	eine unbestimmte
-kmg	eine unbestimmte scharfe
-kmh	eine unbestimmte konzentrierte

-kgk	eine oberflächliche
-kgm	eine lockere
-kgg	eine flexible
-kgh	eine wenig klare, flexible und konzentrierte
-khk	eine oberflächliche, aber unklare und unscharfe
-khm	eine reagible unbestimmte
-khg	eine scharfe und flexible, aber unbestimmte
-khh	eine unbestimmte reagibel und pedantische
-mkk	eine träge und nachlässige
-mkm	eine gespannt-bestimmte
-mkg	eine enge und bestimmte
-mkh	eine klare, aber eingeengte pedantische
-mmk	eine unscharfe, aber bestimmte und reagible
-mmm	eine klare und bestimmte
-mmg	eine klare und konzentrierte
-mmh	eine klare, reagible und scharfe
-mgk	eine wechselhafte
-mgm	eine vielgleisige
-mgg	eine straffe, horizontweite
-mgh	eine klare und flexible und konzentrierte
-mhk	eine klare, aber unscharfe und fließende
-mhm	eine klare, fließende
-mhg	eine klare, scharfe fließende
-mhh	eine klare, pedantische ausgreifende
-gkk	eine einseitige
-gkm	eine entschiedene
-gkg	eine sture
-gkh	eine entschiedene, pedantische einseitige

-gmk	eine heftige
-gmm	eine klare und entschiedene
-gmg	eine gespannte und entschiedene
-gmh	eine entschiedene, superscharfe reagible
-ggk	eine eruptive, schwankende
-ggm	eine weite und energische
-ggg	eine weite, klare und bestimmte
-ggh	eine weite, scharfe und bestimmte
-ghk	eine sehr weite, bestimmte, aber eher unscharfe
-ghm	eine sehr weite, bestimmte und nicht unscharfe
-ghg	eine sehr weitere, bestimmte und scharfe
-ghh	eine sehr weitere, sehr scharfe und bestimmte
-hkk	eine energische, enge und unscharfe
-hkm	eine energische. enge und deutliche
-hkg	eine energische. enge und scharfe
-hkh	eine energische, überscharfe einseitige
-hmk	eine energische reagible und unscharfe
-hmm	eine energische reagible und deutliche
-hmg	eine energische. reagible und scharfe
-hmh	eine energische. reagible und überscharfe
-hgk	eine energisch, flexible und unscharfe
-hgm	eine energische, flexible und deutliche
-hgg	eine energische. flexible und scharfe
-hgh	eine energisch flexible und überscharfe
-hhk	eine fließende, oberflächliche energische
-hhm	eine fließende, deutliche energische
-hhg	eine fließende, aber scharfe und energische
-hhh	eine energische und überscharfe ausladende

dk,dp,de;	Denken
-kkk	ein eintöniges und stumpfes
-kkm	ein oberflächlich kombinierendes
-kkg	ein flaches scheingeistiges
-kkh	ein flaches routinehaftes
-kmk	ein unkritisch intuitives
-kmm	ein alltägliches
-kmg	ein unkritisches routinehaftes
-kmh	ein oberflächliches routiniertes
-kgk	ein sporadisches unkritisches
-kgm	ein flüchtiges und sprunghaftes
-kgg	ein unkritisches einfallsreiches
-kgh	ein phantastisches
-khk	ein unkritisches rezeptives
-khm	ein unkritisches reproduktives
-khg	ein urteilsschwaches intuitives
-khh	ein urteilsschwaches phantastisches
-mkk	ein einspuriges, begrenztes
-mkm	ein einspuriges Alltags-
-mkg	ein geschicktes, aber einspuriges Alltags-
-mkh	ein sehr geschicktes, aber einspuriges Alltags-
-mmk	ein lineares Alltags-
-mmm	ein gehobenes Alltags-
-mmg	ein klares und gewandtes
-mmh	ein vielseitiges gehobenes
-mgk	ein lineares Einfalls-
-mgm	ein bewegliches und phantasievolles
-mgg	ein vielseitiges und einfallsreiches

-mgh	ein einfallsreiches facettenreiches
-mhk	ein gradliniges und klares einfallsreiches
-mhm	ein variables, klares und einfallsreiches
-mhg	ein klares, bewegliche und einfallsreiches
-mhh	ein klares, sprühendes und phantasiereiches
-gkk	ein einseitiges, begrenztes analytisches
-gkm	ein scharfes und bewegliches Alltags-
-gkg	ein scharfes und gewandtes in gewohnten Inhalten und Bahnen bleibendes
-gkh	ein scharfes und gewandtes nüchternes
-gmk	ein kritisches lineares
-gmm	ein kritisch-analytisches
-gmg	ein geschicktes kritisches
-gmh	ein sprühendes, kritisches
-ggk	ein gradliniges kritisches Einfalls-
-ggm	ein vielseitiges einfallsreiches
-ggg	ein vielseitiges vernetztes
-ggh	ein kritisches, einfallsreiches und vielseitiges
-ghk	ein kritisches, phantasievolles lineares
-ghm	ein kritisches, phantasiereiches nicht unbewegliches
-ghg	ein kritisches, phantasievolles und gewandtes
-ghh	ein kritisches, phantasievolles, sprühendes
-hkk	ein scharfes, gradliniges Alltags-
-hkm	ein scharfes, variables Alltags-
-hkg	ein scharfes, gewandtes Alltags-
-hkh	ein scharfes sprühendes Alltags-
-hmk	ein gradliniges aufgeschlossenes analytisches
-hmm	ein variables aufgeschlossenes analytisches
-hmg	ein bewegliches aufgeschlossenes analytisches

-hmh	ein sprühendes aufgeschlossenes analytisches
-hgk	ein scharfes, einfallsreiches gradliniges
-hgm	ein scharfes, einfallsreiches variables
-hgg	ein scharfes bewegliches einfallsreiches
-hgh	ein scharfes sprühendes einfallsreiches
-hhk	ein kreatives analytisches
-hhm	ein variables kreatives analytisches
-hhg	ein scharfes. kreatives vielseitiges
-hhh	ein scharfes vernetztes kreatives

we #dk (Urteilsweise)

	we	**dk**
0,0 bis 1,0	unentschlossener	nicht
1,1 bis 1,5	völlig uneindeutiger	häufig nicht
1,6 bis 2,5	ausgsprochen unbestimmter	sehr unscharf
2,6 bis 3,0	unbestimmter	unscharf
3,1 bis 3,5	stark lavierender	selten scharf
3,6 bis 4,0	lavierender	teilweise in Ansätzen
4,1 bis 4,5	ausgesprochen kompromißbereiter	in Ansätzen
4,6 bis 5,0	eher kompromißbereiter	in alltäglichen Umständen
5,1 bis 5,5	ansatzweise bestimmter	über alltägliche Umstände hinaus
5,6 bis 6,0	bestimmter	annähernd klar
6,1 bis 6,5	sehr bestimmter	klar
6,6 bis 7,0	eher entschlossener	deutlich
7,1 bis 7,5	entschlossener	sehr deutlich
7,6 bis 8,0	ziemlich komprfimißloser	scharf
8,1 bis 9,0	kompromißloser	ausgesprochen scharf

we,			**Urteilsweise**			**dk,**
	1,0 b. 2,6	2,6 b. 3,9	4,0 b. 4,9	5,0 b. 5,9	6,0 b. 7,5	7,6 b. 9,0
7,6 b. 9,0	engstirnige	eigensinnige	unbeirrbare	entschlossene	eigenwillige	dominierende
6,0 b. 7,5	einspurige	einseitige	alltägliche	gezielte	konsequente	unabhängige
5,0 b. 5,9	enge	unkomplizierte	einfache	übliche	sichere	selbständige
4,0 b. 4,9	beeinflußbare	bestimmbare	nachgiebige	unsichere	kooperative	rationale
2,6 b. 3,9	unscharfe	abhängige	vage	begrenzte	offene	klare
1,0 b. 2,6	uneindeutige	unbestimmte	inkonsequente	unfestgelegte	wechselnde	kompromiß-hafte

wm#dp (Informationsverarbeitung)

	wm	dp
0,0 bis 1,0	höchst selten	äußerst selten
1,1 bis 1,5	kaum	selten
1,6 bis 2,5	nur hin und wieder	in geringem Umfange
2,6 bis 3,0	besonders bedächtig	höchstens teilweise
3,1 bis 3,5	bedächtig	teilweise
3,6 bis 4,0	eher bedächtig	ansatzweise
4,1 bis 4,5	sehr ruhig	manchmal
4,6 bis 5,0	ruhig	häufiger
5,1 bis 5,5	annähernd normal	im allgemeinen
5,6 bis 6,0	normal	vielfach
6,1 bis 6,5	leicht beschleunigt	ziemlich weitgehend
6,6 bis 7,0	beschleunigt	weitgehend
7,1 bis 7,5	besonders beschleunigt	annähernd umfassend
7,6 bis 8,0	schnell	umfassend
8,1 bis 9,0	sehr schnell	vollständig

wm			**Denkvielfalt**			**dp**
	1,0 b. 2,6	2,6 b. 3,9	4,0 b. 4,9	5,0 b. 5,9	6,0 b. 7,5	7,6 b. 9,0
7,6 b. 9,0	hektische	rastlose	voreilige	bewegliche	vielseitige	gelehrige
6,0 b. 7,5	oberflächliche	flüchtige	unbedachte	reagible	flexible	geschickte
5,0 b. 5,9	eingeengte	begrenzte	enge	anstellige	aufgeschlosse-ne	empfängliche
4,0 b. 4,9	geringe	ausschnittswei-se	teilweise	alltägliche	formbare	folgsame
2,6 b. 3,9	unzulängliche	unzureichende	zögernde	abwartende	anregbare	ansprechbare
1,0 b. 2,6	mangelhafte	lückenhafte	bedächtige	bedachtsame	recht langsame	träge

wk#de (Kombinationsweise)

	wk	**de**
0,0 bis 1,0	kaum	äußerst selten
1,1 bis 1,5	nur wenig	selten
1,6 bis 2,5	wenig	nur sehr ungeschickt
2,6 bis 3,0	nur begrenzt	eher ungeschickt
3,1 bis 3,5	lediglich sehr mäßig	wenig gewandt
3,6 bis 4,0	lediglich mäßig	ausschließlich in gewohnten Bahnen
4,1 bis 4,5	hin und wieder einigermaßen	eher bedächtig
4,6 bis 5,0	annähernd einigermaßen	mehr rein routinehaft
5,1 bis 5,5	einigermaßen	einigermaßen locker
5,6 bis 6,0	noch befriedigend	locker
6,1 bis 6,5	befriedigend	beweglich
6,6 bis 7,0	recht gut	recht vielseitig
7,1 bis 7,5	annähernd straff	vielseitig
7,6 bis 8,0	straff	eher vielfältig
8,1 bis 9,0	sehr straff	vielfältig

wk			**Denkfluß**			**de**
	1,0 b. 2,6	2,6 b. 3,9	4,0 b. 4,9	5,0 b. 5,9	6,0 b. 7,5	7,6 b. 9,0
7,6 b. 9,0	klebende	haftende	einspurige	konsequente	zielsichere	gekonnte
6,0 b. 7,5	unbewegliche	wenig vari- ierende	begrenzte	aufmerksame	gezielte	geschickte
5,0 b. 5,9	ungewandte	wenig gewandte	einfache	elastische	variable	bewegliche
4,0 b. 4,9	unelastische	undifferen- zierte	primitive	lockere	inkonsequente	unbestimmte
2,6 b. 3,9	einförmige	unflexible	naive	sorglose	flüchtige	sprunghafte
1,0 b. 2,6	unbeholfene	ungeschickte	ziellose	unaufmerk- same	wechselnde	zerfahrene

FW		Vy (Vorstellfähigkeit)	F (Fertigungsfähigkeit)
36.00	- 36.96	mangelhafte	kaum
36.97	- 37.58	geringe	wenig
37.59	- 39.02	unterdurchschnittliche	unterdurchschnittliche
39.03	- 41.69	knapp durchschnittliche	knapp durchschnittliche
41.70	- 44,00	durchschnittliche	mittlere
44,01	- 46.22	gut durchschnittliche	deutliche
46.23	- 50,00	überdurchschnittliche	über mittlere
50,01	- 53.62	höhere	beträchtliche
53.63	- 59,00	beträchtliche	markante
59,01	- 65.62	gute	sehr markante
65.63	- 71,00	sehr gute	besonders markante
71,01	- 77,00	hohe	geschickte
77,01	- 85.42	sehr hohe	sehr geschickte
85.43	- 93,00	sehr markante	herausragende
93,01	- 100.00	umfassende	überragende

vl#ff (Feingeschick)

	vl	ff
0,0 bis 1,0	fehlende	fehlendem
1,1 bis 1,5	mangelhaft ausgebildete	äußerst minimalem
1,6 bis 2,5	sehr geringe	minimalem
2,6 bis 3,0	geringe	sehr wenig
3,1 bis 3,5	ziemlich geringe	wenig
3,6 bis 4,0	sehr mäßige	eher mäßigem
4,1 bis 4,5	mäßige	mäßigen
4,6 bis 5,0	annähernd normale	einigem
5,1 bis 5,5	ziemlich normale	eher mittlerem
5,6 bis 6,0	durchschnittliche	mittlerem
6,1 bis 6,5	gut durchschnittliche	übermittlerem
6,6 bis 7,0	größere	leicht erhöhtem
7,1 bis 7,5	gesteigerte	erhöhtem
7,6 bis 8,0	beträchtliche	viel
8,1 bis 9,0	sehr beträchtliche	besonders viel

ff			Feingeschick			vl
	1,0 b. 2,6	2,6 b. 3,9	4,0 b. 4,9	5,0 b. 5,9	6,0 b. 7,5	7,6 b. 9,0
7,6 b. 9,0	oberflächlichem	einigem	beweglichen	gewandtem	sicherem	gekonntem
6,0 b. 7,5	flüchtigem	begrenztem	gelöstem	geschmeidigem	geschicktem	gezieltem
5,0 b. 5,9	unsicherem	ungenauem	gelockertem	lockerem	genauem	präzisem
4,0 b. 4,9	ziellosem	zielunsicherem	unbestimmtem	einigem	gerichtetem	gelenkten
2,6 b. 3,9	wenig	eingeschränk-tem	vermindertem	mäßigem	unbeholfenem	unausgebilde-tem
1,0 b. 2,6	fehlendem	mangelndem	unwesentlichem	geringem	recht steifem	ungelenkem

vp#fh (handwerkliches Geschick)

	vp	fh
0,0 bis 1,0	fehlendem	äußerst begrenzt
1,1 bis 1,5	mangelhaft ausgebildetem	äußerst minimal
1,6 bis 2,5	sehr geringem	minimal
2,6 bis 3,0	geringem	sehr wenig
3,1 bis 3,5	ziemlich geringem	wenig
3,6 bis 4,0	sehr mäßigem	eher mäßig
4,1 bis 4,5	mäßigem	mäßig
4,6 bis 5,0	annähernd normalem	einigermaßen
5,1 bis 5,5	ziemlich normalem	eher mittel
5,6 bis 6,0	durchschnittlichem	mittel
6,1 bis 6,5	gut durchschnittlichem	übermittel
6,6 bis 7,0	größerem	stärker
7,1 bis 7,5	gesteigertem	markant
7,6 bis 8,0	beträchtlichem	ausgesprochen
8,1 bis 9,0	sehr beträchtlichem	besonders

fh			**Handgeschick**			**vp**
	1,0 b. 2,6	2,6 b. 3,9	4,0 b. 4,9	5,0 b. 5,9	6,0 b. 7,5	7,6 b. 9,0
7,6 b. 9,0	oberflächlich	etwas	beweglich	gewandt	sicher	gekonnt
6,0 b. 7,5	flüchtig	begrenzt	gelöst	geschmeidig	geschickt	gezielt
5,0 b. 5,9	unsicher	ungenau	gelockert	locker	genau	präzise
4,0 b. 4,9	ziellos	zielunsicher	unbestimmt	einigermaßen	gerichtet	gelenkt
2,6 b. 3,9	wenig	eingeschränkt	vermindert	mäßig	unbeholfen	unausgebildet
1,0 b. 2,6	kaum	mangelhaft	unwesentlich	gering	recht steif	ungelenk

vk#fk (Gestaltungsausführung)

	vk	fk
0,0 bis 1,0	nicht	nicht
1,1 bis 1,5	mangelhaft	äußerst minimal
1,6 bis 2,5	sehr gering	minimal
2,6 bis 3,0	gering	sehr wenig
3,1 bis 3,5	ziemlich gering	wenig
3,6 bis 4,0	sehr mäßig	ausgesprochen mäßig
4,1 bis 4,5	mäßig	mäßig
4,6 bis 5,0	annähernd normal	begrenzt
5,1 bis 5,5	ziemlich normal	eher mittel
5,6 bis 6,0	durchschnittlich	mittel
6,1 bis 6,5	gut durchschnittlich	übermittel
6,6 bis 7,0	größer	leicht erhöht
7,1 bis 7,5	gesteigert	erhöht
7,6 bis 8,0	beträchtlich	stark
8,1 bis 9,0	sehr beträchtlich	besonders stark

fk			BBewegungsart			
	1,0 b. 2,6	2,6 b. 3,9	4,0 b. 4,9	5,0 b. 5,9	6,0 b. 7,5	7,6 b. 9,0
7,6 b. 9,0	oberflächlichen	einigen	beweglichen	gewandten	sicheren	gekonnten
6,0 b. 7,5	flüchtigen	begrenzten	gelösten	geschmeidigen	geschickten	gezielten
5,0 b. 5,9	unsicheren	ungenauen	gelockerten	lockeren	genauen	präzisen
4,0 b. 4,9	ziellosen	zielunsicheren	unbestimmten	einigen	gerichteten	gelenkten
2,6 b. 3,9	wenig	eingeschränk-ten	verminderten	mäßigen	unbeholfenen	unausgebilde-ten
1,0 b. 2,6	fehlenden	mangelnden	unwesentlichen	geringen	recht steifen	ungelenken

Ty

Skala	FW-Werte	Gesamtbegabung
1,0 bis 1,5	36,80 bis 36,96	Insgesamt fehlt es an Begabungen.
1,6 bis 2,0	36,97 bis 37,19	Insgesamt liegt ein minimales Begabungsniveau vor
2,1 bis 2,5	37,20 bis 37,58	Insgesamt ist von Minderbegabung auszugehen.
2,6 bis 3,0	37,59 bis 38,18	Insgesamt ist von geringem Begabungsniveau auszugehen
3,1 bis 3,5	38,19 bis 39,02	Insgesamt ist von sehr mäßigem Begabungsniveau auszugehen
3,6 bis 4,0	39,03 bis 40,16	Insgesamt ist von unterdurchschnittlichem Begabungsniveau auszugehen
4,1 bis 4,5	40,17 bis 41,69	Insgesamt ist von durchschnittlichem Begabungsniveau auszugehen.
4,6 bis 5,0	41,70 bis 43,67	Insgesamt ist von gut durchscnittlicher Begabung auszugehen.
5,1 bis 5,5	43,68 bis 46,22	Insgesamt ist von überdurchschnittlicher Begabung auszugehen.
5,6 bis 6,0	46,23 bis 49,47	Insgesamt ist von erhöhtem Begabungsniveau auszugehen
6,1 bis 6,5	49,48 bis 53,62	Insgesamt kann man von guter Begabung ausgehen.
6,6 bis 7,0	53,63 bis 58,89	Insgesamt kann von ausgesprochen gutem Begabungsniveau ausgegangen werden.
7,1 bis 7,5	58,90 bis 65,62	Insgesamt ist von sehr gutem Begabungsniveau auszugehen
7,6 bis 8,0	65,63 bis 74,25	Insgesamt kann man von Hochbegabung sprechen
8,1 bis 8,5	74,26 bis 85,42	Insgesamt kann man von ausgesprochener Hochbegabung sprechen.
8,6 bis 9,0	85,43 bis 100	Insgesamt kann man von genialer Begabung ausgehen.

Ausblick

Ich habe in den drei ersten Abschnitten versucht, Probleme der Begabungsforschung aufzuzeigen und sie von den Leistungstestkategorien, insbesondere den psychologischen bzw. soziologischen Intelligenzbegriffen abzugrenzen. Gerade in der augenblicklichen Diskussion um die Gestaltung unseres Bildungswesens nach der PISA-Studie, die im übrigen nur das bestätigt hat, was Hochschullehrern in unserem Lande seit Jahren bekannt ist und von ihnen immer wieder beklagt wurde, schien es mir wichtig zu sein, noch einmal auf die Grundlagen zu verweisen. Denn nur dort, wo man auf differenzierten ideologiefreien Grundlagen aufbaut, wird es gelingen, das Bildungssystem so zu gestalten und den ständig wechselnden Anforderungen anzupassen, daß dauerhaft Erfolge möglich werden. Um das aber zu verwirklichen, bedarf es noch umfangreicher Grundlagenforschung, denn das, was die meisten Politiker anscheinend für die „Wahrheit" halten, sind nichts als voreilige parteiische und laienhafte Vermutungen auf der Basis begrifflicher Ungenauigkeiten. Man möge sich die hier vor uns liegende umfassende Aufgabe also nicht zu leicht vorstellen, zumal die finanziellen Mittel dazu immer knapper werden. Das ist sie besonders dort nicht, wo es um die Förderung und Bildung Begabter und Hochbegabter geht, auf deren Kreativität und Leistung wir als rohstoffarmes Land so dringend angewiesen sind, wobei es nicht nur um syntaktische, sondern auch um allgemeine persönlichkeitspsychologische Fragen geht.

Literaturverzeichnis

Aiken, L.R.	Assessment of Intellectual Functioning, Newton, Massechusetts, 1987
Allport:,G.W.	Persönlichkeit, Stuttgart 1949
Amthauer, R.	I.-S.-T., Intelligenz-Struktur-Test, 2. Aufl. Göttingen
Anschütz, H.	Kybernetik, 4. Aufl. Würzburg 1979
Arnold/ Eysenck/ Meili	Lexikon der Psychologie, Freiburg 1987
Bartel,H.	Statistik I und II, 2. Aufl. Stuttgart-New-York
Berg,J. van den	Grundriß der Psychiatrie, 3. Aufl. Stuttgart
Bertelsmann	Lexikon der Mathematik
Brickenkamp (Hrsg.):	Handbuch der psychologischen und pädagogischen Tests; 1.Ergänzungsband, Göttingen 1983
Cattell, R.B.	Die empirische Erforschung der Persönlichkeit, 2. Aufl. Weinheim
Eibl-Eibesfeld, I.	Die Biologie des menschlichen Verhaltens (Sonderausgabe der 3. Aufl. Weyarn 1997)
Eibl-Eibesfeld, I.	Grundriß der vergleichenden Verhaltensforschung, 7. Aufl. München 1987
Eibl-Eibesfeld, I.	Der vorprogrammierte Mensch, 4. Aufl. München 1982
Eibl-Eibesfeld, I.	Krieg und Frieden aus der Sicht der Verhaltensforschung, München 1975
Eibl-Eibesfeld, I.	Der Mensch, das riskierte Wesen, 5. Aufl. München 1993
Eibl-Eibesfeld, I.	Krieg und Frieden aus der Sicht der Verhaltensforschung, München 1975
Eysenck:, H.J.	Das große Hans J. Eysenck Test-Buch; Goldmann Nr. 10058
Guilford	Persönlichkeit, 2./3. Aufl. Weinheim 1965
Hofstätter, P.R.	Sozialpsychologie, 4. Aufl. Berlin 1970
Hofstätter, P.R.	Einführung in die Sozialpsychologie, 2. Aufl. Stuttgart 1979
Hofstätter, P.R.	Psychologie (Fischer-Lexikon) Ausgabe Frankfurt 1975
Hofstätter, P.R.	Gruppendynamik, Hamburg 1971
Hofstätter, P.R.	Differentielle Psychologie, 1971
Klaus, G. (Hrsg.)	Wörterbuch der Kybernetik, 2 Bände, Frankfurt 1969
Krech/Crutschfield	Grundlagen der Psychologie, 2 Bände 1970
Meili, R.	Lehrbuch der psychologischen Diagnostik, Bern 1965

Müller/ Enskat:	Graphologische Diagnostik, 2. Aufl. Bern 1973
Opp, K.-D.	Methodologie der Sozialwissenschaften, rde 1970
Panse/Müller/Schulz	Personalwirtschaftslehre, Bad-Homburg 1980
Penrose, R.	Computerdenken, Spektrum-Heidelberg, ohne Jahreszahl
Pervin, L.A.	Persönlichkeitstheorien, München-Basel 1993
Pfanne, H.	Lehrbuch der Graphologie, Berlin 1961
Pophal, R.	Die Handschrift als Gehirnschrift, Rudolstadt 1949
Popp, M.	Einführung in die Grundbegriffe der Allgemeinen Psychologie, München-Basel 1975
Prigogine u. Stengers	Dialog mit der Natur, München 1980
Renner, M.	Der Wartegg-Zeichentest im Dienste der Erziehungsberatung, München 1953
Rohracher, H.	Einführung in die Psychologie, 5. Aufl.
Rösing, I.	Intelligenz und Dummheit, 2004 Heidelberg
Ruch/Zimbardo	Lehrbuch der Psychologie, 2. Aufl. 1975
Stern, W.	Differentielle Psychologie, Leipzig 1921, 3. Aufl.
Sternberg, R.J.	"Erfolgsintelligenz" in Psychologie heute, März 1998 S.21ff als Buch bei Droemer, Kindler
v. Cube, F	Fordern statt verwöhnen, 10. Aufl. 1997, München
Vester, F.	Denken, Lernen, Vergessen, 10. Aufl. München 1983
Vester, F.	Neuland des Denkens, München 1984
Waszkewitz, B.	Fundamente der Persönlichkeitspsychologie, München 1960
Waszkewitz, B.	Fundamente der theoretischen Psychologie, Frankfurt 1993
Waszkewitz, B.	Mensch und Gesellschaft, Stuttgart 2000
Waszkewitz, B:	Gestaltung des Bildungs- und Ausbildungswesens, Stuttgart 2002
Waszkewitz, B.	Psychologie der Persönlichkeit, Stuttgart 2003
Waszkewitz, B.	Kleine Persönlichkeitskunde, Stuttgart 2003
Waszkewitz, B.	Neue Graphologie, Stuttgart 2004
Waszkewitz, B.	Auf dem Wege zur Bildungsberatung, Stuttgart 2004
Waszkewitz, B.	Echte Berufsberatung, 2004

Waszkewitz, B.	Trends und Updates MMV zu psychischen, sozialen, organisatorischen und personellen Systemen, Stuttgart 2005 mit verhaltensanalytischen Analyse- und Auswertungsdateien
Wollnik, H.	Grundfragen der Graphologie, Leipzig 1933
Wottawa, H.	Der „gläserne" Mitarbeiter; in W.E. Feix: Personal 2000, Frankfurt-Wiesbaden 1991
Wunderer/Grundwald	Führungslehre, 2 Bände, Berlin 1980
Wundt, W.	Grundzüge der physiologischen Psychologie, Bd. 1 Leipzig 1908
Zander, E.	Handbuch der Gehaltsfestsetzung, 3. Aufl. Heidelberg 1973
Zander, E.	Arbeits- und Leistungsbewertung, Heidelberg 1970
Zander, E.	Lohn- und Gehaltsfestsetzung in Klein und Mittelbetrieben,8.Aufl. 1985
Zielinski, J.	Praktische Berufsausbildung, 3. Aufl. Heidelberg 1972
Zimbardo, Ph.G.	Psychologie, 6 Aufl. Berlin... 1995
Zulliger, H.	Der Tafeln-Z-Test, Bern 1954
Zulliger, H.	Heilende Kräfte im kindlichen Spiel, Stuttgart 2. Aufl. (1954)

***ibidem*-Verlag**
Melchiorstr. 15
D-70439 Stuttgart

info@ibidem-verlag.de

www.ibidem-verlag.de
www.edition-noema.de
www.autorenbetreuung.de